父母的教育

[日]西村博之 著　佟凡 译

PARENTAL EDUCATION

民主与建设出版社
·北京·

图书在版编目（CIP）数据

父母的教育 / (日) 西村博之著 ; 佟凡译. -- 北京 : 民主与建设出版社, 2023.1
ISBN 978-7-5139-4080-1

Ⅰ. ①父… Ⅱ. ①西… ②佟… Ⅲ. ①家庭教育 Ⅳ. ①G78

中国国家版本馆CIP数据核字(2023)第015556号

父母的教育
FUMU DE JIAOYU

著　　者	[日] 西村博之
译　　者	佟　凡
责任编辑	彭　现
特约策划	邓敏娜
封面设计	MM末末美书 QQ:974364105
版式设计	姚梅桂
翻译统筹	译桥 Lan-bridge
出版发行	民主与建设出版社有限责任公司
电　　话	（010）59417747　59419778
社　　址	北京市海淀区西三环中路10号望海楼E座7层
邮　　编	100142
印　　刷	长沙鸿发印务实业有限公司
版　　次	2023年1月第1版
印　　次	2023年3月第1次印刷
开　　本	880毫米 × 1230毫米　1/32
印　　张	7
字　　数	110千字
书　　号	ISBN 978-7-5139-4080-1
定　　价	39.80元

注：如有印、装质量问题，请与出版社联系。

序言

教育领域有一个著名的实验，叫作棉花糖实验。

这个实验从 20 世纪 60 年代做到了 20 世纪 70 年代，实验对象是 4 岁的孩子，测试的是孩子的自制力，如果孩子能坚持 15 分钟不吃面前这颗棉花糖，就可以给他们两颗。

有的孩子能够忍住不吃面前的棉花糖，有的孩子忍不住，两种不同的孩子他们之后的人生会怎样呢?

对孩子们进行追踪调查后发现，自制力强的孩子在高考时会取得较高的分数。因为这个实验结果，长期以来人们始终相信幼儿期自制力强的孩子会更加优秀。

可是，当 2018 年棉花糖实验的规模扩大到 900 多人时，重新验证后的结果表明，“影响长远成功的重要因素不是自制力，而是父母的年收入”，真是风马牛不相及的结果。

这意味着教育没有正确答案。

但日本的教育自古以来一直遵循着正确答案。

学会用老师教授的方法解题，就能在考试时取得好成绩。进入一所好大学，就能进入一家好公司。只要还存在这种社会观念，就不会有人否定传统的教育方式。可是，我认为这仅仅是教育的一小部分。

既然每个孩子都有独特的个性，年龄不同，发育速度不同，那么就不存在标准育儿或绝对正确的教育方式。这句话适用于育儿的各个方面。

话虽如此，就算没有正确答案，父母还是会试图寻找。

“让孩子学什么好呢？”

“有没有让孩子积极学习的方法？”

“孩子想当主播怎么办？”

“该怎么教孩子学习理财呢？”

“孩子宅在家里不出门怎么办？”

“应该让孩子从几岁开始用手机？”

我是“2channel[①]”和“Niconico 动画[②]”的管理人，听到最多的问题是“该不该让孩子上网”。听到这个问题时，我的回答是：“如果我是父母，会教育出就算上网也不需要我担心的孩子。”

如今的时代，互联网已经渗透到社会的各个方面，只要在社会上生活，网络就是不可或缺的。

而另一方面，未成年人在上网时，可能会访问或浏览一些危险的社交网站，甚至在社交软件上与陌生人交流后还可能会被卷入某些案件中，这些情况都不利于未成年人身心健康成长，这也使得教育工作者和父母认为孩子上网有问题是理所当然的。

可是，因为危险就远离是不对的。

不仅是互联网，有时大人太想要保护孩子，就容易得出错误的答案。因为在育儿和教育上，父母在某种意义上努力

① 2channel：日本国内较大的论坛，相当于中国的贴吧或天涯论坛。
② Niconico 动画：日本的视频网站、弹幕视频网站的鼻祖，相当于 b 站。
（特别说明：本书中的所有脚注均为译注）

过头了。

尽管教育没有正确答案，但是这本书会试图从父母的角度出发，推导出正确答案。

我希望拥有未来的孩子们能够思考怎样过上幸福的人生。

这本书我以“如果我是父母”为主题，尽可能地帮父母找到正确答案，希望这本书能对孩子的教育有用，也给正在育儿的人以正确的方向。

目录

contents

1 第一章 成为不努力过头的父母

2 第二章 如何正确面对孩子的学习

3 第三章

孩子、金钱和网络

4 第四章 日本糟糕的学校和育儿环境

第一章

成为不努力过头的父母

不努力的教育，能够培养孩子的行动力和好奇心

父母都希望孩子的人生顺遂，但是“顺遂”的标准因人而异。

有人认为按部就班、没有经历过失败的人生就是“顺遂”的，不过通常情况下，人生顺遂指的是得到比其他人更好的机会。另外，除了富二代，大多数人生顺遂的人都兼具“行动力”和“好奇心”。

要想让人生“顺遂”，首先必须采取行动，这是不言自明的道理，而行动力来源于好奇心。

只有产生了好奇心，人们才会主动投身于自己感兴趣的

领域。比如对历史感兴趣的孩子，就算父母什么都没说，他们也会主动学习历史。只要有好奇心，哪怕是学习枯燥且不喜欢的历史，这些孩子也能主动完成，甚至不认为自己是在努力。

主播的道路并不顺遂

如果孩子对成为主播感兴趣，会怎么样呢?

说实话，这个领域甚至已经有名人参战，因此很难做出成果。如果在五年前大多数人还没有对主播职业产生兴趣时加入，情况尚且不得而知，事到如今，要在主播中脱颖而出，过上顺遂人生的可能性很低。

不过大家需要注意的是，不要训斥孩子，不要制止孩子。因为就算父母强行禁止孩子做某件事情，他们也会因为好奇心主动去接触，这是孩子的天性。

如果父母在这时训斥或制止他们的行为，他们就会自然地得出因果关系，觉得“因为自己想要满足好奇心，所以父母生气了”，导致孩子会下意识地压制满足自己好奇心的行为。

当然，为了让孩子过上顺遂的人生，需要培养他们主动对只有少数人感兴趣的领域产生好奇心，而不是对已经有很多人实践过的领域产生兴趣。这对于喜欢赶时髦的父母来说恐怕有些难度，可是保持某种程度的宽容，在教育中不要努力过头，保护孩子的好奇心，是非常重要的事情。

对于家境一般的孩子来说，好奇心和行动力是过上“顺遂人生”的重要因素。父母最好不要以“我不感兴趣”“我讨厌这个”“和周围的人不同”为由，妨碍孩子的好奇心和行动力。

“用兴趣养活自己”，99% 的人会进入失败组

“用兴趣养活自己”是一句流行语，不过最近却变得虚有其表。

有这种想法的人分为两种：一种是高中学历的父母，只是把“用兴趣养活自己”当成逃离学习、不想工作的借口，他们不了解时代的变化，认为“既然自己能做到，那么孩子也可以”；另一种是大学学历的父母，没有意识到低学历的局限性，觉得孩子就算不上大学也没关系。

说到底，除了运动员和艺人，社会地位较高的人几乎都是大学毕业，在日本，大学毕业生一辈子的工资比高中毕业

生多将近 4000 万日元[①]。

当然，孩子有梦想，想做自己喜欢的工作并非坏事。可是，就算因为喜欢棒球而坚持练习，将来能成为职业棒球运动员的也只是极少数人。调查显示，2016 年打棒球的小学生大约有 18 万人，而 12 支顶级职业棒球队登记的运动员只有 348 人。也就是说，1000 人中大约只有 2 个人能够成为职业棒球运动员，能频繁上场的运动员更是万里挑一。99.99% 的人无法“用兴趣养活自己”，会成为人生中的失败者。

我不认为“用兴趣养活自己”是绝对错误的选择，但我认为仅仅因为“喜欢”就踏入主要依靠才能和遗传才能取得成功的领域是不明智的选择。

不过同样存在可以“用兴趣养活自己”的情况，那就是“其他人眼中的辛苦在你看来不是辛苦”的情况。

比如喜欢编程的程序员，就连假期都要在家里对着电脑尝试新技术，这种人的技术能力自然会提高，凭借“兴趣”获得更高的薪酬。

---

① 日元汇率：1 人民币≈20 日元（2022 年 11 月）。

如果你喜欢打游戏，那么不要当程序员，要成为游戏开发人员；如果你喜欢开车，那么不要当 F1 赛车[①]手，要成为卡车司机。找到“与其他人相比，自己不会感到辛苦的工作”，就能轻松赚到钱，而不仅仅是“喜欢的事情”“想做的事情”。

媒体会聚焦在名人和运动员身上，放大“用兴趣养活自己”这个竞争激烈的领域，从而让人产生误解。其实那个领域既有胜利者，又有失败者。

如果我为人父母，会帮助孩子选择竞争不那么激烈的领域，找到让孩子感到轻松的工作。这样一来，孩子能够愉快生活的概率会更高。

---

① F1 赛车：指世界一级方程式锦标赛，是国际汽车运动联合会（FIA）举办的最高等级的年度系列场地赛车比赛。F1 赛车对车手身体素质要求极高，每年全世界能有资格驾驶世界 F1 赛车的车手不超过 100 名。

被骂大的孩子会成为不思考的人

孩子做事分不清善恶，所以需要教育。人们在谈论教育时，会提到“好的训斥方法”之类的说法。但我认为，不存在绝对好的训斥方法。

另一方面，我又认为存在不好的训斥方法，那就是父母在训斥孩子时选择“责骂”。“训斥”和“责骂”截然不同，“训斥”是在孩子做了不对的事情时，用合适的语言告诉他们这样做不行；而“责骂”则是感情用事、怒火中烧的表现。

父母不该在教育孩子时发泄情绪，这是理所当然的事。

在孩子成长发育的不同阶段，有时孩子记不住语气平和的教导，所以需要提高音量，但这同样与“责骂”不同。

如果将怒火发泄在孩子身上，那么孩子会感到恐惧，认为“父母生气了，所以我要道歉”“因为父母会生气，所以我不能再做同样的事情”，却不会去想父母生气的原因。

体罚会让孩子不去思考“被斥责的原因”

昭和时代[①]，父母理所当然地认为孩子挨打才会长记性。直到现在，仍有人将打孩子的行为正当化，觉得“如果不打，孩子还会犯同样的错误”。可是，如果孩子不理解错在哪里，就算挨打，依然会犯同样的错误。

我就是在借着教育名义的体罚下长大的，可是依然经常忘记写作业，直到现在也改不了迟到的毛病。归根结底，体罚只能让孩子记住“什么事情不能做”，却不会理解“我为

① 昭和时代：日本天皇裕仁在位期间使用的年号，时间为1926年12月25日—1989年1月7日。

什么被训斥”。

所以，重要的是让孩子好好理解“我为什么被训斥”。

不过如果在询问孩子“你知道自己为什么挨骂”时，因为孩子回答错误而再次责骂他们的话，又会产生反效果。孩子会认为“我是因为回答错误才被骂”的。

人这种生物就算没有挨打挨骂，只要受到严厉的训斥就能记住。感情用事的“责骂”式教育会让孩子停止思考，成为不思考的人。

为什么用显眼生僻字
给孩子取名字是不明智的

孩子出生后，让父母感到苦恼的第一件事就是取名字。有的父母会给孩子取显眼生僻的名字，但我认为这是父母不能做的典型事件之一。

名字显眼的孩子未来承受坏处和遭遇障碍的可能性更大。取名是为了让别人称呼，如果别人不认识你的名字，就会造成交流障碍。

这样的孩子在学校被霸凌的风险可能会更高，走入社会求职时，名字也会成为不利因素。

公司的人事凭借经验就会知道，名字显眼的人的父母可能行为怪异。比如，在新冠疫情发生前，有的父母会来参加就业说明会，也有干涉孩子职场生活的所谓“怪异”父母。

从雇用方的角度来看，这样的父母只会增加风险，公司的常规想法是尽可能地降低风险。既然如此，如果有同等能力的求职者，他们会选择名字普通的人，而不是名字显眼的人。

背负着父母强烈情感的名字对孩子不利

当然，如果你有高超的技术，比如会说五国语言、会编程、有律师资格证等，那么情况就不一样了。和拥有显眼的名字不同，这些技术都必须付出艰辛的努力才能获得。

另外，如果父母能够将孩子培养成背负得起显眼名字的人，那就没有问题。

比如艺人的孩子，就算名字稀奇，因为这些孩子将来很有可能进入娱乐圈，显眼的名字反而能给别人带来冲击。另外，有钱人家的孩子，父母会留给他们一辈子不工作也能活下去的财产。外貌出众的孩子也没必要担心显眼的名字造成的障碍。

可是大多数人并非如此。这样一想，父母给孩子取了显眼的名字，就相当于将背负名字所需的努力和名字带来的障碍强加在了孩子身上，未免过于残忍。可以说，想不到这些缺点的父母并不明智。

最近的研究表明，人的智商 40% 靠遗传决定。尽管不能以偏概全，但也可以说名字显眼的人有头脑不聪明的可能性。

我认为取名字的时候，最好选择普通的名字，以能被别人认识为前提。如果有几个候选的名字不知道选哪个好，可以先问问周围的人认不认识。

除此之外，还要确认一下名字的读法在其他国家的语言中有没有奇怪的含义。全球化的时代，如果在其他国家工作时，自己的名字在那个国家的语言中是遭人厌恶的词，恐怕会相当麻烦。

我在本节的开头也说过，取名字是为了让别人称呼。

用生僻字取名是错误的取名方式，不明智的父母会因为自己的强烈感情、看起来可爱、想让孩子显得特别等理由给孩子取奇怪的名字。希望父母取名时多为孩子的未来想一想。

育儿时感到不安是好事

现在的日本经济不景气，新冠疫情给人们带来了失业的风险和患抑郁症的可能性。如果这种不稳定的状态持续下去，对心理健康来说可不是一件好事，很多人会感到不安。

然而，我的想法是，人们因为不确定的未来和未知的事情感到不安是完全正常的。

由于新冠疫情的影响，破产公司数量增加，日本的疫苗接种进行得并不顺利。我觉得在完全看不到尽头的情况下，没有达到财务自由、必须工作的普通人如果没有感到不安，那他们就太迟钝了。育儿也是同样的道理。

没有带过孩子的人会对育儿感到不安，这是人的正常反应。就像没有绝对不会感冒的人一样，也没有在育儿时绝对不会神经衰弱的人。愚笨的人会认为“抑郁症需要靠毅力治疗”，如果有论文证明毅力能治疗抑郁症，那绝对是能得诺贝尔奖的大发现。

也就是说，所有父母都可能因为苦恼于自己的育儿方式是否正确而神经衰弱，进一步说都有可能成为毒亲。我认为，只要能够自省“我这么做也有可能成为毒亲”，就已经是合格的父母了。

能够自省，就不会深信“自己的想法和行为绝对正确”，能够心怀感恩地听取他人的忠告，不会无视别人的建议。因此，感到不安绝不是一件坏事。

就算懵懵懂懂地带孩子，孩子也不会出问题

昭和时代的文化是男性可以不带孩子。我也没有被父亲带过的记忆。

然而到了令和时代[①]，已经不能说这种话了。最近，男女平等的思想逐渐渗透，社会上出现了男性参与育儿的潮流。在法国，男性参与育儿已成为理所当然的事情。

如果男性不是必须参与育儿，那么为了减轻母亲的负担

① 令和时代：日本新天皇年号，2019 年 4 月 1 日宣布，2019 年 5 月 1 日零时起正式启用。

就需要请保姆。日本已经穷到必须父母共同工作才能养活孩子，我想请不起保姆的家庭也很多。

如前文所述，从昭和时代到令和时代，育儿环境和文化都发生了变化，且变化速度逐年加快，所以在 20 年后，现在的育儿方式和思想也很有可能落伍。

尽管如此，现在依然有人不知道男性参与育儿时应该做什么。

我觉得这是因为负责育儿的人过分强调了育儿的辛苦，结果让男性觉得“照顾孩子很困难”。这或许就是人们深信“男性无法照顾孩子”的重要原因。

实际上无论是谁都可以带孩子。人类从还是类人猿的时候开始，就能顺利地将生下来的婴儿养大。也就是说，只要给孩子吃饱穿暖，保证睡眠和清洁，孩子就能长大。

所以对于不知道如何是好、不敢带孩子的人来说，首先要体验育儿，遇到困难就找人商量，带着轻松的心情开始是最重要的。

除了喂奶之外，带孩子都是体力活

当然，一开始孩子可能会因为跟妈妈亲近或者爸爸笨手笨脚而不喜欢爸爸。

不过当孩子开始上托儿所和幼儿园，就会开始接触各种除父亲之外的大人。在安全的情况下，让孩子有足够的时间与不熟悉的大人相处，对孩子来说也是件好事。我觉得为了让孩子做好准备，可以让父亲参与育儿。

男性没有本能的母性。可是除了喂奶之外，带孩子都是体力活，基本上由男性来做更合适。从这种角度思考育儿这件事，带孩子的难度是不是会下降很多呢?

另外，男性最好不要抱有“帮忙育儿”的想法。举例来说，当男性工作而女性做家庭主妇时，如果男性对育儿的态度是“帮忙”，就容易被女性认为缺乏主动性和责任感，甚至有的会被女性抱怨：“怎么是帮忙，这也是你的孩子吧？”

育儿并不是男性在空闲时给另一半的支持，应该拿出“在固定的日子里独自承担照顾孩子的工作，可以找另一半商量，但是不让另一半动手”的态度来对待。我想这样一来，夫妻之间发生矛盾的概率也会降低。

不想让孩子看到的事情
最好从一开始就不要做

什么是父母不想让孩子看到的言行呢？比如随地吐痰、乱扔垃圾之类不文明的行为。除此之外，还有很多不想在孩子面前展现的语言和邋遢的姿态。

孩子会模仿父母和身边亲近的人的言行。他们要通过模仿成年人来学习社会性。

举例来说，父母在孩子面前查看手机里的邮件，孩子看到之后，就会拿起手机打开一封又一封的邮件。他们并不是对邮件内容感兴趣，只是喜欢模仿父母而已。

在模仿能力强的孩子面前，不能展现的言行有什么呢？

对父母来说，就是在孩子面前不能做自己不希望孩子做的事情。

如果父母在家里对工作发牢骚，或者说上司的坏话，孩子马上就会模仿，并且认为可以发牢骚、叹气、可以说伤害到别人的坏话。如果父母不希望孩子做这些事情，那么自己最好不要在孩子面前这样做。

虽然有的孩子能够理解“己所不欲，勿施于人”的道理，看到别人被打后很痛，就不会想要打人，但大多数孩子是不能理解其中的道理的。我觉得不能对孩子抱有这么高的期待。

基本上，父母不想在孩子面前做的事情，几乎都是“本来就最好不要做”的事情。

利用孩子的模仿能力

相反，充分发挥孩子的模仿能力，在孩子面前做希望他们做的事情也是一种好方法。比如打扫房间，如果整理房间的时候孩子在身边，可能会把玩具弄乱。父母往往认为在孩子睡着后再打扫房间效率更高。其实，在孩子面前整理，能培养孩子的整理意识。

熬夜同样如此。父母嘴上说着“早点睡觉”，自己却不睡。孩子就会模仿父母迟迟不睡。如果真的想让孩子睡觉，那么关上房间的灯，和孩子一起躺下，孩子就会因为没有事情可做只能睡觉。

除此之外，还有些因为危险而不想让孩子模仿，却不得不做的事情。比如做饭时用刀用火、给炉子添煤油等。我认为这些事情不该背着孩子做，反而应该让孩子看到正确的使用方法。不要在孩子面前隐藏危险，而是要认真告诉孩子这些是危险的事情。

虽说如此，但孩子也是人，不可能处处符合父母的心意。他们可能不会模仿父母希望他们模仿的事情，反而会不知道从哪里看到并且模仿父母不希望他们模仿、没有在他们面前做过的事情。

这种情况下，我认为父母最好选择耐心等待孩子的成长。

最好不要在孩子面前说另一半的坏话

正如我上一节中提到的那样，孩子具备优秀的模仿能力。“孩子是父母的镜子”，如果父母不注意自己的行为，孩子就会立刻模仿，包括父母吵架。很多情况下，孩子不仅会模仿父母吵架，还会承受精神上的负担。

遭遇父母离婚的人常说，不喜欢父母在离婚之后说对方的坏话。

虽然二人对彼此的厌恶达到了需要离婚的程度，会不自觉地对孩子说对方的坏话，比如“我不希望你以后变成爸爸（妈妈）那样”，然而这种行为大多是父母将自己的感情正当化的手段。如果具备作为父母的自觉，就算是为了孩子，也应该将这些话埋在心里。

就算没有离婚，如果母亲在父亲不在时说他的坏话，之后母亲又若无其事地与父亲相处，孩子会怎么想呢？孩子肯定会认为“在背后说别人的坏话是一件正常的事情”。但事实上，这是一件非常糟糕的事情。

一旦孩子觉得在背后说别人的坏话是正常的，就有可能疑神疑鬼，觉得尽管别人没有在自己面前说出来，但说不定是讨厌自己的。

那么是不是不在别人背后说坏话，当面直接说就是好的呢？并非如此。父母在孩子面前说另一半的坏话并非好事。就算是讨厌的另一半，也是孩子的父母。孩子很难讨厌自己的父母，所以如果听到父母中的一方说另一半的坏话，就会觉得自己喜欢的人被骂了，从而感到受伤。

孩子明白如果告诉父母“不要说别人的坏话”，父母的心情会变差，所以他们会选择沉默，可是心里却积攒了巨大的压力。

无论多么讨厌另一半，无论二人的关系多么糟糕，让孩子看到都是百害而无一利的，二人最好在孩子面前做些掩饰。

有时候大人会用开玩笑的口吻说别人的坏话，可是年纪小的孩子有可能不理解玩笑。如果真的为孩子着想，就应该夸奖家人，不要和家里人吵架，也不要在背后说别人坏话。不要让孩子内心积攒压力，健康成长才是更好的方式。

“我是为了你好”会教育出喜欢推卸责任的孩子

在能转职的游戏[1]中有一项不离不弃的法则。

在《勇者斗恶龙Ⅲ》[2]和《最终幻想Ⅲ》[3]等角色扮演游戏中，有自由更改队伍组建的功能，遇到强敌时，就算输了，玩家也会反省自己的选择，认为问题在于“使用这种职业组

---

① 指的是角色扮演游戏中，玩家操纵的角色能够转换职业。

② 《勇者斗恶龙Ⅲ》：角色扮演游戏勇者斗恶龙的第三部作品，1988年在日本发行。

③ 《最终幻想Ⅲ》：角色扮演游戏勇者最终幻想系列的第三部作品，1990年在日本发行。

成的自己”，然后想要“重新组队再次挑战”，改变做法，尝试通关游戏。

相反，在没有转职选择的游戏中，如果敌人很强，玩家打不过时就会将错误推给游戏，认为“这个破游戏的平衡设置有问题”，甚至会中途放弃。

相似的情况也会发生在亲子关系之间。

举例来说，假设父母要求孩子考进好大学，然后当一名公务员，孩子听从了父母的话，成为一名公务员。如果孩子之后在工作中遇到麻烦，就会觉得听父母的话准没好事，从而将责任转嫁到父母身上。事实上就算不做公务员，孩子也会在工作中遇到麻烦。

如果走在自己决定的道路上，人在遇到麻烦时就无法将责任推给其他人，必须自己承担，自己应对，因为自己做的决定不能怪别人。

比起连名字都没听过的中小企业，父母推荐能够过上稳定生活的公务员合情合理。可是，没有人能证明在小公司工作的人生就是不幸的。

俗话说“这山望着那山高”，也有当上了公务员却想进入中小企业的人。

总而言之，父母说出“我是为了你好”，就会增加发生矛盾的概率。如果擅自为孩子定下目标，就不能培养孩子的自主性。当遇到麻烦时，孩子很容易把责任推卸给别人。

如何正确引导孩子做出“为他好”的事情

如果父母想让孩子做出为他自己好的事情，可以巧妙地引导孩子。比如父母想让孩子学习英语，可以告诉孩子会说英语的好处，让孩子产生学习的意愿。如果本人没有干劲，学习可能只是浪费时间，浪费金钱。

我认为父母不要为孩子定目标，需要做的只是尽可能地提供一切方法，帮助孩子确定目标。

当然，孩子主动定下目标时，很多时候会失败，所以父母才会想要为孩子做决定，对孩子说自己是“为了你好”。比如当孩子说想当一名主播或者职业棒球运动员时，如果孩子是认真的，他们就会为此查找必要的资料，磨炼自己的技巧。这些事情绝不是无用功，而是非常好的锻炼。

即便这样，父母还是要督促孩子好好上学，在孩子遇到挫折时提供其他选项，这是父母的职责所在。

我明白父母不希望孩子遭遇失败的心情，可是孩子从失败中也能学到很多知识。让孩子在小时候尽可能多地经历可以挽回的失败，在我看来是件好事。

父母是否应为了图方便，向学校请假去旅行

在当今时代，“认真学习，考进好大学就能过上幸福人生”的这条道路变得不再确定。高中毕业就取得成功的人在网上成为热门话题，就算是小学文凭也能当主播。人们常会讨论“是否有必要上学”。

在回答这个问题之前，我希望大家思考一个比不上学更轻松的话题，那就是“向学校请假去旅行是否可取”。

比起不上学，“去旅行”获得的赞成与反对意见应该更平均。只是答案会因为时间和场合有所不同。

日本宪法本来就有明确记载，日本人有义务让孩子接受

义务教育。通常情况下，日本人的孩子必须上学。

可是如果“祖父病危”怎么办？当然会有人认为选择向学校请假才是正确的。

也就是说，这个问题讨论的是价值观——去见再也无法见到的人，去看一辈子只能看一次的事物，和上学的义务相比，谁的优先级更高？

就我个人来说，如果是去看宇宙飞船发射，那么向学校请假也无可厚非。尽管俄罗斯已经有了联盟号载人火箭，可是宇宙飞船的运载量是联盟号的七倍，观看发射时受到的冲击完全不同。而且除了观看宇宙飞船的发射之外，不会有其他机会体验这种音爆。

如果是这种独一无二的体验，会有比上学更重要的价值。

能否对孩子解释向学校请假的价值

但因为要去迪士尼乐园向学校请假则不同，那不是一辈子只能有一次的经历。

父母向学校请假去旅行，大多是为了自己方便。工作日景点人少，不容易遇到麻烦的堵车，而且酒店和机票更便宜，这些全都是花钱就能解决的问题。

可以看出，“向学校请假去旅行”的父母心里有比宪法等社会规则更重要的价值基准。如果这次旅行是和家人最后的相处时间的话我能够理解，可是如果为了“金钱”和“堵车”之类的原因向学校请假，孩子就太可怜了。

如果要请假去旅行，就要仔细地从客观依据出发，对孩子解释这次旅行中有比上学更有价值的东西。这一点非常重要。

因为在孩子心里种下“为了图方便或者考虑金钱等原因，就可以打破规则”的价值观不是一件好事。

在育儿时“偷懒”是对孩子好

或许在日本有很多人希望别人能尝尝自己吃过的苦，当有的艺人说“孩子的饭全都是买来的辅食”时，很多人提出了反对意见，闹得沸沸扬扬。

虽然反对意见中有“给孩子吃买来的辅食是不够爱孩子”的说法，但是还在吃辅食的孩子就算还记得饭是谁喂给自己的，也不会记得饭是做的还是买的。如果不到一岁的孩子还记得辅食是买来的，那可真是天才了。这样的孩子长大后会成为优秀的大人，不会去评论辅食究竟应该是父母做还是买的问题。

也有人担心营养均衡和安全方面的问题，但市场上的辅食都考虑过营养均衡的问题。辅食是在卫生的洁净室里制作、密封、杀菌后才出厂的，还标明了保质期。和普通家庭在厨房里做好后冷冻保存的辅食相比，混入细菌的可能性明显更低。

当然，想亲手做饭给孩子吃的人可以给孩子做饭。不过这是在育儿时有足够的时间和精力，不会因为做饭积攒压力而主动选择的做法。育儿的过程因人而异，不应该强迫没有人能帮忙、几乎没时间睡觉的人亲手做辅食。

育儿需要“偷懒”

不仅是辅食，在育儿时使用便利的物品，是健康育儿方式里重要的一环。

飞机即将坠落时，氧气面罩会从顶部脱落。根据规定，父母应该先为自己戴好再给孩子穿戴。这是因为如果父母缺氧失去意识，孩子将无法自己穿戴，导致生存概率下降。

也就是说，如果父母陷入没办法照顾孩子的状态，对孩子来说只有坏处。

遭到非议的艺人是单亲妈妈。她一边赚钱一边照顾孩子，所以必须节省时间。若是因为做辅食牺牲了睡眠时间，导致父母无法保证自己的健康，那么利用市场上售卖的辅食，保证自己的睡眠时间，可以更好地照顾孩子，发生意外的概率也会下降。

如果父母身体健康又有时间，那么无论是做辅食还是种植家庭菜园，都可以尽情地做。只是我认为，为了培养出健康的孩子，父母的健康很重要。

睡眠不足时，可以不用半夜起来冲奶粉，而是使用婴儿液态奶，能暂时请人代为照顾孩子的话就请人照顾，不要有心理负担……当然，食量小、营养价值不够、运动不足等会对孩子产生影响的“偷懒”并不好。在没有影响的范围内，“偷懒”反而是对孩子有益的事情。

如果被周围人的情绪影响，为了做辅食导致睡眠不足，注意力下降，发生事故的概率会增加，父母还有可能因为育儿神经衰弱。

我认为能放松的地方就放松，最终会对孩子有好处。

反抗期有一半是“父母的错”，所以父母只要忍耐就好

不要对孩子说“不能做坏事”，而是要告诉他们“不做坏事的孩子很厉害”。这样，孩子就会有不同的反应。这就是“不否定的教育方式”。可是，我认为这并不能杜绝孩子做坏事。

因为孩子做了坏事，父母想要纠正，却因为意见不合，亲子双方都不开心。在这种情况下，父母选择放弃和忍耐很重要。

我从懂事开始，就一直不听父母的话，总是在反抗，所以没有所谓的反抗期。结果长大后，尽管我不会去做不喜欢

的事，却依然过上了普通的生活。

孩子的反抗有两种情况：第一种是“父母想让孩子做，可是孩子不想做”，第二种是“父母不想让孩子做，可是孩子想做”。

孩子的反抗有一半是父母的问题

第一种情况的代表性事例是学习。就算逼迫孩子学习，也只会让他们讨厌学习，所以果断放弃比较好。

第二种情况的代表性事例是玩耍。不让孩子玩，就会磨灭孩子的好奇心。无论是对火车还是游戏，孩子往往会充分了解自己感兴趣的内容。虽说是玩，但他们会主动查资料并且记忆。我认为这和掌握学习方法是一样的，没有任何问题。

出现反抗期现象的源头是亲子意见不同，也就是说，有一半是父母的问题。既然如此，只要父母忍耐，孩子就不会反抗，从而可以做自己喜欢的事情。

当然，前提条件是父母说明不让孩子做一件事的理由和让孩子做一件事的规则。比如孩子想玩颜料，会把房间弄脏。因为房间会被弄脏，所以父母不想让孩子玩。可是如果父母能让步，提出“如果你能自己收拾干净，就可以让你玩一次”的话，孩子就不需要反抗了。

如果孩子想做的是打架这种会给他人造成伤害甚至触及法律底线的事情，父母应该告诉孩子“要是这样做了，你会吃更大的苦头”，这种情况下必须制止孩子。

在孩子还小时让他们经历纠纷

有人说“世界上不存在优秀并且对所有人都好的人”。

或许有人会反对，认为“没这回事，那个人就是个好人”。遗憾的是，对所有人都好的人往往并不会特别优秀。

优秀的人会接到很多工作委托，所以优秀相当于没有时间，相当于无法真诚地应对所有人。因此，越优秀的人越不可能完全不遇到麻烦。

一般来说，人们会认为纠纷是坏事，也会教育小孩吵架不好，可我认为吵架更容易促进关系。

因为面对真正无能的人，我们在吵架和发生纠纷前就会断绝关系。既然需要发展到吵架这一步，可以理解为双方需要维持某种联系。也就是说，正因为双方彼此认可对方的能力才会吵架。如果能够消除产生纠纷的原因，就能建立良好的关系。

而且，经历过激烈争吵的人能够彼此毫无顾虑地交流，说出真心话，让交往变得轻松，不会浪费时间。

我曾经因为客户的过分要求狠狠杀了价。从那以后，就算我主动打招呼，对方也会无视我。不过一个奇妙的机缘，后来我的公司和那名客户所在的公司合并了，在我们成为同事的那一刻就成了很好的朋友，觉得“和他做伙伴很放心”。

因为我有这段切身的体验，所以会积极地说出想说的话。

我并不是推荐大家吵架或者起纠纷，只是觉得积极地说出想说的话，吵架后冰释前嫌是一段非常好的经历，所以最好在孩子还小时就让他们经历。

若是为了避免起纠纷而保持沉默，不能将自己的想法很好地传达给对方，就无法学会表达。除非你是石油大王的儿子，否则就不可能要求别人在你一言不发的情况下，理解你全部的想法。

哪怕争吵也没关系，重要的是清楚地传达自己的想法。这样一来，就算有争吵，也能掌握和好的方法。在孩子的小时候让他们经历纠纷，这样的经验可以在他们走上社会后派上用场。

父母要具备让孩子失败的勇气，重要的原因是什么

很多父母都不希望孩子失败。

不想让孩子受伤，不想让孩子哭，可以理解为这是人类的本能。我的朋友生孩子时说过：“希望尽可能让这孩子过上不需要哭泣的人生。”

可是听了朋友的话，我突然想到：“是不是应该让孩子小时候尽情哭泣才对呢？”

孩子经常会哭，大人却很少会哭。人在成长的过程中有了各种哭泣的经验后才有了耐性。比如出生后第一次被别人打会吓一跳，可是经常和兄弟姐妹打架的人，就算被打也不

会害怕。

举一个其他的例子。经常会听说，没有经历过失败的高学历精英在找工作时受挫，就算进入一流企业，没有成果时同样也会受挫。如果经历失败的经验太少，人会钻牛角尖，认为“失败就是在人生中落后，是无法挽回的事情”。在某些情况下，有人还会因此患上抑郁症。

但是，如果从小就有失败（或挫折）的经验，那么即使受到重大打击，人生也不会被打乱。

无论失败还是成功，经历很重要

也有人提出：“如果孩子失败后没办法重新振作该怎么办？”当然，最好不要让孩子经历会造成身体缺陷或者无法恢复的失败，除此之外的失败，都可以在小时候恢复。比如宅在家里不出门，或者失去了所有财产，都是有办法挽回的失败。在孩子还小时，让他们积累克服困难的经验反而是件好事。

要想掌握从失败中振作的能力，只能反复经历失败。只要不再害怕失败，挑战的次数就会增加。挑战的次数增加，就能提高成功的可能性。就算拥有足够的实力，如果挑战次数少，也无法得到机会，因此挑战次数越多越好。

无论是成功还是失败，经历都很重要。正因如此，让孩子从小经历各种各样的失败，让他们经常哭，他们才能长成坚强的大人。父母应该默默在旁保护，不要出手相助。

就算孩子要去做“看上去绝对会失败的事情”也一样。

第二章

如何正确面对孩子的学习

父母不会的事情，逼迫孩子学也没用

如果问父母“你想让孩子掌握什么技能”，一定会有人回答英语或者编程。可是我认为，如果父母双方都没有掌握这项技能，就算逼迫孩子学习也没有意义。

当然，报英语班和编程班也是一个办法，可孩子能不能掌握高水平的技能还是个问题。说到底，就算逼迫孩子学习他们不喜欢的事物，也很可能不顺利，导致无疾而终。

举例来说，过去有一段时间，到处都在开办英语会话课堂，叫作“NOVA[①]”。据我所知，没有一个日本人通过上这个英语会话课而掌握了英语。明明父母就不会说英语，就算让孩子上英语会话课堂，也没办法判断课程究竟有没有用、孩子是不是真的能说英语了。

另外，还存在孩子上的课外班教学水平太低的问题。以前，我有个做编程的朋友送自己的孩子去上编程课，结果完全不行。

据说老师在教室里只会教编程的概念，让孩子们玩游戏，完全学不到编程的知识。朋友得出的结论是——与其花时间接送，不如在家自己教更快。

如果要学，不如学学“格斗技巧”

找到所有人都认为应该学习的技能很难，硬要说的话，我觉得是格斗技巧。日本的学校几乎都会发生霸凌事件。没

① NOVA：线上外教 App，通过场景化方式连接海外外教，能够让用户在线上与外教互动，通过视频语音练习会话。

有发生过霸凌的学校非常少见，正常情况下，任何学校里都会发生霸凌。

霸凌往往开始于一些鸡毛蒜皮的小事，因此很难杜绝。可是，如果增强自己的物理攻击力，就能降低遭到霸凌的可能性。既然如此，我觉得可以推荐大家学习格斗技巧。

学习格斗技巧不仅能够强身健体，还能让孩子习惯打人和被打，不会因为被打而感到太大的痛苦。最重要的是，如果能学会“打人和被打的限度”“该如何防御”等知识，就算遇到打架和霸凌，也比较容易逃脱。

就算孩子学习了格斗技巧，依然有可能打不赢同龄人。但学习格斗技巧，至少能降低被欺负的风险，让孩子明白疼痛的滋味，好过逼迫孩子学习父母不会的技能。

逼迫孩子学习是不会让孩子幸福的

智商会遗传，这个知识已经在一定程度普及了。还有研究结果表明，孩子未来的收入相当程度上遗传自父母，与成长环境息息相关。

美国的大学花 30 年的时间研究了“生活环境不好的孩子未来能不能过上富裕的生活”。研究调查了出生在贫困家庭的孩子从小学一年级到 30 岁前的生活，在 800 个调查对象中，取得大学学位的只有 28 人。

如果出生在富裕家庭，用于教育的资金会更多，取得高学历的概率确实会更高。而且由于脑力劳动获得的收入往往比体力劳动更高，所以就形成了“智商高等同于收入高”“家庭收入越低，教育出的孩子学历越低，将来收入也越低”等观念。

统计结果出来后，也有人认为尽管自己属于低收入家庭，还是希望孩子尽可能赚更多的钱。当然，有些人是因为复杂的原因才陷入低收入的困境，不过其中也有自己不学习、不反省自己的责任和行为、反而强迫孩子学习的人。我认为这样做是不对的。

父母不明白学习的乐趣，自己也不爱学习，就无法让孩子懂得学习的乐趣。在这种情况下，就算逼迫孩子学习，孩子也会认为“学习是件辛苦又讨厌的事情”。

另一方面，就算父母谆谆教诲，试图激发孩子的奋斗精神，对孩子说“你将来不想过现在这样的苦日子吧”，可是据统计，饿过肚子的家庭他们的孩子大多收入不高，所以这些教导并没有意义。

在担心孩子的未来时，父母先赚钱吧

如果担心孩子未来的收入，父母最好先解决自己的问题，自己努力赚钱。因为据统计结果，父母的收入增加，孩子的收入也会增加。

可是我要提前说清楚，收入增加并不代表一定会幸福。

哈佛大学花了 75 年以上的时间研究“过上幸福的人生”这个课题。这项研究得出了有统计学意义的结果——和周围人的人际关系的质量会影响人生的幸福程度。

年收入、朋友、社交媒体的关注人数、拥有多大的社会权力与人生的幸福无关，身边有真正值得依靠的人、有高质量的人际关系的人才是幸福的。

如果父母希望孩子获得幸福，比起为了让孩子赚到钱而强迫他去学习，不如教孩子重视建立高质量的人际关系。

这样一想，如果自己（父母）赚不到大钱，不如想一想让一家人快乐生活的方法，让孩子在将来能够感受到幸福。

不能规定孩子的学习方法

当今时代，孩子的学习方法越来越多样化。有学校、补习班、课外班、父母直接教，等等，最近通过视频自学的方法也备受瞩目。

现在，补习班也开始在手机软件上上传授课视频。不仅是学习，其他领域也开始在软件上上传视频。

比如标枪界有一位肯尼亚选手，名叫尤利乌斯·耶格。因为他的国家没有好教练，于是他观看视频自学，不断训练，最后打破了世界纪录（参考纪录），获得了金牌。日本也有从打业余棒球开始在视频网站上研究棒球技术的大学生。因为他扔出了时速 150 千米的高速球，能够投出多种变化球，被棒球挑战联盟的球队发现，他的名字叫杉浦健二郎。

体育界逐渐发现，聪明的人明白现在的自己需要什么，就算没有教练，也能通过自学拿出成果。当然，体育能力和与生俱来的身体能力有关，所以通过观看视频自学取得好成绩的例子是极少数。尽管如此，这也是通过自学取得成绩的好范本。

可以说在学习上也会发生同样的事情。很早以前就有不去补习班而看参考书自学考进名校的人。学习本来就是一个人也能做到的事情。如今环境优越，自学变得更加容易了。

不过要想自学，首先必须明白一个人学习需要什么，该怎么做。这和明明没有能举起 100 千克的杠铃的最低臂力，就不可能只是因为掌握了技术就能举起 100 千克的杠铃是一样的道理。我认为告诉孩子他们应该走的道路，才是真正意义上的教育。

在教育中，父母能够做的只是不要打击孩子的好奇心。

父母要激发孩子的积极性

虽说如此，也有父母会担心如果不控制孩子的好奇心，孩子就只会打游戏或者玩耍。可是让孩子对父母想让他们做的事情感兴趣，这种思考方式本身就是错误的。

就像前文中提到的那样，如果不能让孩子主动体会到"学习的乐趣"就没有意义。如果第一个阶段没有完成，就算逼迫孩子进入第二阶段也不会顺利。

就算让孩子优先学习父母想让他们做的事情，但如果是强迫孩子去做，孩子也会在脑海中将学习与苦行画等号。结果做什么都无法坚持。

在如今这种能够自学的环境下，网上有很多讲得非常好的视频。对父母或者身边的教练来说，重要的是激发孩子的积极性。

本田圭佑发起的线上服务旨在培养足球运动员。直接指导足球技巧的工作由球队完成，而他负责提供引导和建议。在网络时代，这种模式正在增加。

但日本的教育已经落后于时代。因为对自学的支持和积极性管理不符合教学计划，没有纳入教师的评价体系，所以日本的教育系统不予采纳。我原以为这是愚蠢教师的独断专行，可这种情况长年来都没有改变。这恐怕是日本教育委员会和文科省①的观念问题吧。

① 文科省：全称是“文部科学省”，是日本中央政府行政机关之一，负责统筹日本国内的教育、科学技术、学术、文化和体育等事务。

正因为如今是更新的时代，才要告诉孩子 70 分的重要性

在创建网络服务（Web Service）时，一条重要的思路来自 Facebook 的创始人马克·扎克伯格。

“Done is better than perfect.”（比完美更重要的是完成。）

扎克伯格说出这句话是因为史克威尔·艾尼克斯在开发《最终幻想Ⅷ》时，想要精心制作出没有漏洞的高质量作品后才决定发售。结果发售后却发现了重大漏洞，引发了回收事件，不得不重新制作后再次发售，因而蒙受了巨额损失。我想有很多人听到追求高质量时会觉得理所当然。

可是在网络服务时代，并不都是这样的。

网络服务的优势在于随时都会经过互联网完成数据转换。它们并不是在质量达到完美后才面世的。常见做法是在质量达到一定标准后马上推向市场。

公司的业务大多数只要“说得过去”就好

除去医生和律师这种一旦完成工作就无法修改的职业，公司中的大多数产品比起达到完美，在做到说得过去的程度就进行交付，进入下一个阶段，往往会销量更高。

举个例子，麦当劳的巨无霸汉堡上规定要有大约 400 粒芝麻。可是，大家几乎都不会在意芝麻是 350 粒还是 500 粒。如果工作人员要数清每一个汉堡上的芝麻数量后再进行微调，不仅效率低，还会增加人力成本，导致商品价格上涨。既然如此，我想更多的顾客希望买到便宜且能立刻拿到手的商品，哪怕做得粗糙一些。

当然，我不是说追求完美不好，可现实是很多时候因为追求完美而费时费力，在公司里只会碍手碍脚。

追求完美的品质，为了达到无投诉的目标，增加1000万日元的维修费用；允许产生一定的投诉，增加100万日元的维修预算。这两种方法哪一种在商业上来说是正确的，恐怕没有答案。

从金钱的角度来说，后者是正确答案，可是考虑到长期的品牌价值，可以说前者才是正确答案。

只是，我想不需要做选择的时代正在到来。现在，通过网络在发售后也可以应对客户的咨询。物流也在进化。和过去相比，如今需要花费成本的地方正在发生改变。

能尽快得到70分的人是优秀的

教育界还远远无法应对市场的变化，依然陷在传统的思维方式中。社会上早已不拘泥的细节问题，在学校教育中依然要求学生做到完美。

举例来说，在学校如果汉字的笔顺写错了，就会被老师批评。可是进入社会后，就算知道汉字的正确笔顺也基本无意义。现实情况是只有书法家才会注意汉字的笔顺是否正确。

除此之外，在计算“给 2970 名客户卖出单价 3050 日元的票”时，学校会要求用乘法计算出正确的数字。而在公司会议上只需要掌握“大约 900 万日元”的粗略数字，就能让会议顺利进行下去，更重要的是讨论如何把票卖出去。

可是在学校里，并不会教孩子现在的社会重视速度，质量只需要说得过去就行。

在学校，考试得到 100 分就会被奖励，所以在数学考试中如果题目全部做完后还有时间，就要求学生重新验算，追求完美。明明进入社会后，正确的方法是在短时间里得到 70 分，可是在学校，迅速得到 70 分却没有验算的孩子会遭到斥责。

当然，如果质量和速度都能兼顾，就不会出现这样的问题。然而，现实中存在资源受限等问题，大部分情况下很难兼顾。

在当今时代，以说得过去的质量尽快完成工作是一种能力，能做到的人会受到重视。

这件事很难由老师在学校教育中教给孩子，只能由父母进行补充。

因此，当孩子以说得过去的质量迅速完成学习任务时，最好不要斥责他们，而是应该给予鼓励。

除此之外，告诉孩子“再认真一点，拿更高的分数会更好”，在孩子的学习质量提高后给予鼓励，就能培养孩子掌握进入社会后的适应能力。

让孩子拥有“没来由的自信”

尽管有“胜者组”“败者组”之类的分法，不过这些只是客观的结果。有人看起来进入了胜者组，却总是心怀不安，也有人尽管被认为属于败者组，却拥有没来由的自信，不会感到自卑。

后者明显能够更加享受人生，这应该不只是我的想法。因为无论如何，拥有“我属于人生的胜者组”这份自信的人，能更快乐地接受所有事物。

父母希望孩子拥有这份自信，重要的是在每天日常生活中的小事上进行积累。

比如面对不擅长数学的孩子，让他反复练习简单的加法，感觉“数学很轻松嘛”，就能逐渐提高数学水平，并自信地成长。

进入社会后，小学生水平的数学对大人来说已经不会再有太大的能力差距。反而让孩子始终认为自己不擅长数学的影响更坏。

通过经历小小的成功获得“没来由的自信”

尝试各种事情，不断失败，偶尔顺利才是人生。没有自信的人会在做事前想要放弃，觉得“反正总会失败，做了也是白做”，所以长大成人后也大概率无法获得成功。

正因为如此，在小时候让孩子逐渐积累小小的成功经历，种下自信的种子，认为“就算是未知的事情，我也能完成”。这是非常重要的事情。

要想培养出这样的孩子，哪怕是简单的事情，在孩子第一次完成时也要给予表扬。让孩子认为“以前没能做到的事现在做到了，这是好事”，不要让孩子觉得“失败很可怕，还是什么都不做的好”，不要责备孩子的失败，培养没来由的自信很重要。

拥有“没来由的自信”的人很强

成绩好，对学习有自信的孩子上了东京大学，会发现身边的人都比自己学习好。这样一来，孩子恐怕会失去自信，觉得自己没有任何价值。在感到自己此前的人生全都白费了的瞬间，只拥有“有来由的自信”的人会感到绝望。

可是我们不用担心拥有“没来由的自信”的人会感到绝望，因为他们的自信本来就不会崩塌。这种人会渴望迎接新挑战。挑战的次数越多，抓住机会取得成功的可能性就越高。

比起沟通能力，更应该让孩子学习“取得成果的能力”

可以说，只要进行社会活动，“沟通能力”就是必不可少的能力。所以，很多父母希望孩子掌握沟通能力。然而“沟通能力”是无法培养的。

原本，沟通能力是指传递信息的能力。从这个角度来看，在便利店工作的外国人能够在工作中用非母语的日语交流，可以说他们的沟通能力比大学毕业的日本人更强。

看到这里，有人会说：“不，沟通能力指的不是这个意思……”那么，这些人口中的“沟通能力”指的是什么呢？是就算上司犯错也不指出错误，能够审时度势，默默执行命令的“行动力”。换言之，只是擅长忍耐罢了。

不会让上司和客户感到不愉快、能够审时度势、擅长忍耐的人，在管理者眼中，就是不抱怨、肯干活、非常好用的人。

日本的学校教育会批量生产出只擅长忍耐的人，所以社会上有很多的替代品。

日本的学校教育系统不在乎效率，就连汉字的笔顺和中国古文都要认认真真地教授，不会让孩子在自己擅长的领域尽情发挥，没有短板的孩子学历更高。

用极端的话来说，优秀的数学家哪怕语文和社会课考零分也无所谓。可是在日本，这样的成绩是上不了国立大学的。

比起某项能力出众的人，短板少的人更容易接受优质教育，所以“如何克服短板，如何忍耐”变得更为重要。

通过沟通能力提高薪酬已经成为过去

我现在住在法国，年轻时曾经在美国留学，所以对这两个国家的教育情况多少有些了解。

对比这两个国家，我想到的是只有日本和东南亚国家的教育推崇“不说出自己的意见的学生才是好学生”。

在欧洲，受德国的影响，父母会教育孩子就算是少数派，发现错误时也要大胆说出来，而绝不会教育孩子放弃表达自己的意见才是正确的。

相反，亚洲国家或许是受儒家文化的影响，会形成这样的观念：“要敬老→长者是正确的→应该听长者的话。”比起正确性更重视礼法，结果就成了“默默听从年长者和上司的话才是正确的”。

比起沟通能力，迅速理解工作内容并且完成工作、取得成果的能力才是更重要的。然而，无论一个人工作能力有多强，只要缺乏忍耐力，就会被评价为“沟通能力不足”，这就是现今日本社会的常态。

可就算提高了所谓的“沟通能力”，工资也不见得能涨。在论资排辈的时代，人们或许可以凭借“沟通能力”出人头地。可是，现在日本很少有公司能够稳定到只需要听从上司的话就能涨工资的程度了。

在业绩下滑的公司，比起擅长忍耐、沟通能力强的听话员工，能够取得成果、为公司做出贡献的人才更能受到重视。

沟通能力在敌人面前不起作用

如果我是父母，会告诉孩子就算锻炼“沟通能力”也没用。

也有人认为沟通能力锻炼的不是顺从和忍耐的能力，而是能够顺利与人交流的能力。不过，想顺利本身就很困难。

举例来说，如果对方对提案内容抱有善意积极的态度，那么只要拥有一定程度的“沟通能力”，无论谁去谈判基本都会顺利。相反，如果对方对提案内容抱有敌对抗拒的态度，那么重要的就是谈判能力。不管能否顺利推进项目，取得成果都是更重要的事。

也就是说，要想得到结果，应该具备的是各种各样的谈判手段，比如靠友好的关系，靠金钱或者靠其他条件。而手里只握着“友好”这一张牌就试图顺利推进项目的人，最终很难取得成果。

与其让孩子锻炼所谓的沟通能力，不如提高孩子最基础的传递信息的能力。如果孩子能够为此学习外语，磨炼看透对手表情的能力，那么在用母语无法交流的社会中也能生存下去。

顺带一提，看透对方表情的能力在日本尚未普及，但在网上搜索英文“Micro Expression Training”，就能看到很多方法和视频，大家可以试试看。

要理解孩子“没有干劲”这个前提

父母对孩子会有期待。

有的父母哪怕自己没怎么好好学习，成绩不好，也会去寻找激发孩子积极性的方法。可是，根本没有万能的方法可以激发孩子的积极性。

有的育儿书籍中会写“巧妙激发孩子积极性的方法”，其实这和祈雨是一样的。祈雨后，如果看到下雨，祈雨的人会认为这是祈雨的功劳。实际上，更多的情况下祈雨后并不会下雨。

如果真的有激发孩子积极性的方法，那么全世界的教育部都会将它写在教科书上，所有学校都会引进，所有人都能获得高学历。然而事实并非如此，可见这个问题并没有答案。

激发孩子的积极性本身就是一件难事。大家最好先理解一个大前提——孩子本身就没什么干劲。

为不想做的事情找理由

所有事情可以分为三大类：“想做的事”“不想做的事”“无所谓的事”。大多数孩子会将学习放进“不想做的事”中，因此让孩子学习需要找到理由。

如果是已经走上社会的人，可以用薪水作为报酬让他们接受不想做的事情。就算是面对孩子，也必须进行等价交换才能让他们做“不想做的事”，可以是金钱，可以是恐惧，可以是罪恶感，可以是希望……家长必须根据孩子的反应，巧妙地使用奖励和惩罚。

举例来说，“想要加入日本职业足球联赛”的孩子每天坚持跑步的理由，有的是因为拥有“进入日本职业足球联赛”这个希望，有的是因为害怕被教练骂，也有的是希望得到父母的表扬。

如果我站在父母的立场上，希望孩子拿出干劲，也会思考“糖与鞭子”的效果。

孩子的性格不同，要让他们做“不想做的事”就要找不同的理由。父母必须耐住性子，踏踏实实地一次次尝试。

最好让父母中聪明的一方辅导孩子学习

孩子的学历与父母的收入、接受教育的程度成正比，但遗传同样是重要因素。文部科学省每年实施的“全国学习力、学习情况调查”附带的监护人问卷调查中明确显示了这一点。

过去进行的两次问卷调查得到的数据表明，母亲的学历比父亲的学历对孩子的学习力影响更大。一定程度上父母的学历越高，孩子的学历越高，且从调查结果中可以看出，母亲对孩子的影响更大。

还有一种说法认为“父母一方长期在外地工作的孩子成

绩更好”，因为单身赴任的人多在大公司工作，可以用遗传来解释。然而也有数据结果表明，父亲单身赴任的孩子成绩比较好，而母亲单身赴任的孩子成绩会下降。

看到这里，可以认为高学历的母亲与孩子接触的时间越长，孩子的学习力越强。

就算没有调查问卷的结果，如果孩子身边的亲人能够教导孩子正确的学习方法、努力方式和规律生活，孩子当然能够成长为优秀的人。

也就是说，在孩子学会自律、独立做作业和学习之前，父母的支持非常重要。而让父母中聪明的一方辅导孩子学习效果更好。

包容恶作剧的幼年环境有利于孩子的成长

孩子能够过上幸福的生活，重要的不仅是容易量化的学习力，比如记忆力、判断力、计算能力等认知能力，还有“非认知能力”，比如能够坚持到最后的耐力，将自己的想法传达给别人的沟通能力，不会马上发火、能够控制自己情绪的能力，等等。

获得 2000 年诺贝尔经济学奖的芝加哥大学教授詹姆斯 · J. 赫克曼这样描述培养非认知能力的方法：

5 岁前的教育和环境决定了人生

认知能力只要花时间学习就能提高，想要培养非认知能力，0—5 岁的环境至关重要。

这个年龄段的孩子充满好奇心，会自顾自地行动。比如把纸巾全部从盒子里抽出来，理解抽纸的构造，或者把抽纸撕成碎片，锻炼手指的精细动作。这时，父母会担心危险的行为可能导致孩子受伤。

可是，孩子们正是通过这些“会带来疼痛的危险”“破坏后无法复原的事物”来观察自己行为的结果，从而进行学习的。也就是说，孩子是通过“恶作剧”学习非认知能力的。

因为有很多危险，父母能够随时照看着孩子是最好的，但实际很多情况中，父母并不能随时盯着孩子。在这种情况下，如果父母因为“危险”“我很忙”等原因把孩子放在围栏里，不能满足孩子的好奇心，孩子就有可能长成无法进行自主学习、性格被动的人。

请育儿假，将来会更省钱

0—5 岁这短短几年对孩子今后漫长的人生会产生巨大的影响。既然如此，我认为在孩子还小时，尽量延长由父母中的一方陪在身边的时间会更好。

当然，这对于双职工家庭来说很难，也有人在不好请育儿假的公司工作。可是，就算大家担心工资下降，担心将来缺钱，和孩子一起度过这段时间依然是最好的选择。

如果没能培养好孩子的非认知能力，反而需要花费更多的钱。有的孩子长大成人后依然闭门不出，无法在社会上工作，甚至有的孩子会出现花钱都无法解决的问题。

2019 年，毕业于东京大学的日本前农林水产省事务次官[①]杀害了自己闭门不出的儿子。据说为了让儿子能够回归社会，这位父亲曾经帮儿子把漫画作品拿到漫展上去售卖，可最后还是束手无策。

① 事务次官：相当于中国的副部级职位。

顺便说一句，他的儿子曾经在偏差值超过 70、初中直升高中的私立学校上学，可见认知能力很强。

由此可见，在孩子小时候，不要仅仅努力提高孩子的认知能力，创造出能够提高非认知能力、“可以恶作剧的环境”也非常重要。

我为什么对花时间背诵持保留意见

日本的学校教育会用背诵式的考试决定成绩，现在依然重视背诵。

尽管高考历史的题目很少直接问年号，但在很多考试中背熟确实能取得更好的成绩。这也是事实。所以，学校老师也重视背诵。而且出题和打分时重视除了背诵之外的因素会更麻烦，因此学校总会偏重背诵。

当然，为了掌握更好的背诵方式绞尽脑汁不断试错的行为，是能够在进入社会后派上用场的，但背诵的内容基本都派不上用场。

历史年号等内容在今后出现新发现的过程中会不断改变。

我学到的大化改新[1]是发生在645年，而现在的教科书上会写“646年”或者“645—650年”。接受教育的时期不同，答案会发生变化，背诵这样的内容就是无效的。

有人认为背诵是在培养孩子的耐力，在锻炼他们的毅力。如果是这样，那么背英语单词会更有用。

需要背诵的内容只要“上网搜”就好

在网络时代，只要教会孩子“上网检索的方法”，原本需要靠背诵解决的问题基本都能轻松解决。

东京大学研究生院信息学领域的一位特聘副教授曾说，现在大家辨别可信网站的方法有误。可见，日本的现状是很少有人掌握“正确的检索方式”。然而，我们已经进入了背

① 大化改新：又作大化革新，是古代日本社会的一场政治变革运动。公元645年，日本孝德天皇即位后，仿照中国唐朝制度所实行的一系列政治、经济改革。因645年为大化元年，故将这系列改革命名为“大化改新”。它是日本从奴隶社会向封建社会转变的标志，解放了部分生产力，完善了日本的统治制度，奠定了日本的国家发展方向，是日本历史上一次重要变革。

诵就是浪费时间的时代。

我在日本和美国两地上过大学，日本上课大多会出试卷考试，而美国则大多要求学生提交报告。美国在指定阅读书目时，也只会要求“阅读某个领域的书”，所以光是在图书馆找书就要花费一番功夫。自己调查的能力在进入社会后也能派上用场。

在日本的学校里，也有为模仿美国教育方式而努力的老师。可是对老师的评价标准是学生的成绩，而不是教育内容对学生今后的人生是否有用，因此这样的老师是极少数的。

在美国，有人会因为有手机而不会心算乘法，这样的人也可以正常生活。正因为如今已经进入了手机和网络无处不在的时代，所以如果我是父母，就会对花时间背诵持保留意见。

90% 的孩子都是平凡的，所以最好认真做作业

“做作业有没有必要？”

有人在原日本足球国家队队员本田圭佑的推特上这样留言，还引发了一番热议。

本田圭佑给出了答复：“只写别人留的作业没用。”同为足球运动员的武藤嘉纪评论：“如果因为本田圭佑的话有更多的孩子认为不写作业也可以，就是一件坏事了。”

赞成与反对的意见此起彼伏，大家讨论得热火朝天。而我认为这两种想法有正确的地方，也有不对的地方。

日本义务教育基本上要求所有孩子都学习同样的内容，

所以经历过义务教育的大人们会倾向于选择同样的方法。可是每个孩子原本就拥有独特的才能和个性，所以根据他们的个性选择教育方针会更好。面对“做作业有没有必要”的问题，有的父母希望孩子成为第一，有的父母能够接受孩子垫底，只要能生存就好，不同父母有不同的教育方式是可以理解的。

比如，小学的作业里有乘法。如果小学生已经会用初中才学的一元二次方程了，那么做乘法作业就只是浪费时间。可是对于还不会乘法的孩子来说，这样的作业是有意义的。

如今，互联网将全世界联系在一起，与国外的交流变得越来越简单。从今往后，孩子们必须和全世界优秀的人竞争。一名优秀的日本工程师也可以进入谷歌或者微软等外国企业，与世界各地的优秀人才切磋。

国外有很多学校可以跳级。优秀的学生会不断超前学习，提升自己。如果父母希望孩子成为世界上最优秀的人才，那么让优秀的孩子和学习不好的孩子一起做作业，就只会是浪费时间。不断磨炼孩子的才能，以走向世界为目标，会让孩子的发展更加顺利。

做作业确实有磨炼耐力、需要与身边人协调的一面。可是优秀的人会在他们擅长的领域中自然而然地学会忍耐。如果优先考虑与身边人的协调，就无法发挥孩子独特的才能，有可能让孩子沦为平庸之辈。

所以，如果孩子像本田圭佑一样在足球上拥有卓越的才能，那么不要通过做作业，而是通过足球走向世界才是更好的做法。他们的父母当然会认为作业不做也可以。

90% 的孩子需要做作业

而武藤嘉纪的评论对于将来为了生存、就算垫底也要维持稳定的孩子来说，是正确的教育方针。

对于这部分孩子来说，作业是非常重要的。如果不会做乘法和除法，进入社会后会遇到各种困难。而且，作业还能起到让老师看到孩子对知识的理解程度的作用。如果孩子不会做作业，老师只要再教一次就好。

另外，认为自己的孩子聪明，可以不做作业的想法也是错误的。在中小学期间，孩子身体的成长速度因人而异，基本看不到未来会发展成什么样子。如果只是因为孩子成绩优秀一些，或者在学习之外的某个领域有突出的特长，就立刻判断自己的孩子可以不做作业，是非常危险的行为。

另一方面，研究者中也有直到高中都不出挑、进入大学后却神奇地取得了成果的晚熟型人才。如果认定孩子不适合学习，放弃孩子的未来就太可惜了，因为他有可能只是晚熟。所以重要的是让孩子认真做作业，学习上不要落后。

父母总是想把孩子培养成最优秀的人，然而世界上有90%的孩子一辈子都只能发挥出平凡的能力。这样一想，认真完成作业才是安全的。

顺带一提，我是属于回到家后就会把作业完全抛到脑后的孩子，所以会在学校的休息时间里做完作业。可是如果休息时间没做完，我就会把作业忘掉，最后被老师训斥……

有些暑假作业不用做

我在上一节中讲了“作业的必要性”。对于孩子们的大难题——暑假作业，也经常会出现“是否有必要做”的讨论。

我是会从8月31日开始做暑假作业，一直做到9月的孩子。因为我觉得作业只要来得及交就好。

如果我是父母，如果孩子不想做暑假作业，并且能给出一个我可以接受的理由，我就不会逼孩子去做。

当然，如果不做作业，孩子在学校就会被老师责骂。我觉得被责骂不是坏事，反而应该让孩子从小习惯接受责骂。进入社会后，经常会出现被毫无理由地责骂的情况。有人会因此得抑郁症，如果习惯接受责骂，还能减轻患抑郁症的风险。

我在上一节说“90%的孩子都是平凡的，所以最好认真做作业”。或许会有人认为和本节中提到的不用逼迫孩子做暑假作业相互矛盾。其实对孩子来说作业本来就分为有必要和没必要两种，而暑假作业大多是没必要的。

比如读后感。只要孩子看到一本有趣的书会开心，养成阅读的习惯就好。

可是，如果作业要求孩子写读后感，孩子会觉得写读后感很麻烦，做不到毫不犹豫地去读书了。再加上学校规定了无聊、孩子又不感兴趣的书目，只会让孩子产生读书无聊的感觉。

绘画日记和自由研究也属于没必要的暑假作业。能够自发进行自由研究的孩子就算不要求，也能做出好的研究；做不到的孩子只会做出中规中矩的研究，到了第二年也并不会有所提高。也就是说，这样的作业对孩子来说没有意义。

相反，必要的暑假作业是练习“九九乘法表”之类的内容。老师可以通过布置作业检查学生的熟练程度，还能让孩子在今后的课堂上不要落后，而绘画日记和读后感则没什么熟练程度可言。

恐怕学校是希望用这些无意义的作业让孩子们养成安静

地坐在桌子前的习惯。可是，已经养成习惯的孩子就算没有作业，也会安静地坐在桌子前，而像我这样的孩子只会在暑假的最后一天安静地坐在桌前赶作业。从这个角度来说，暑假作业是失败的。

代写作业会让孩子习惯用钱解决问题

学习是为了让孩子能够做到以前做不到的事，而布置暑假作业的目的是培养日本人推崇的耐力，尽管很多作业都没有意义。

或许是因为有这样的情况存在，最近出现了代写作业的服务，Mercari[①]上还会卖读后感。有的父母会在网上下单委托别人给孩子代写作业，如果我是父母，会反对这种行为。

不仅是作业的问题，养成用钱解决问题的习惯不是好事。但如果孩子可以凭借自己的力量，找到愿意帮自己做作业的

① Mercari：日本 C2C 二手交易平台。

人，我认为这是用自己的力量解决问题。

也会有人说：“找人代写作业本身就有问题。无论是找代写，还是找家长、找朋友，都是在教孩子撒谎。装作是自己写的，这样不好。”

可是，大人布置了让孩子写一整页汉字这种没有意义的作业，如果孩子能顺利糊弄这样的大人，难道不好吗？我认为这种说谎也是一种权宜之计。

不能盲目在高水平的环境中教育孩子

提到教育，很多人会大谈毅力。毅力确实是必要的，可是具备了科学知识才能更有效地促进孩子的成长。

昭和、平成时代[①]，运动社团认为训练是不可或缺的，长时间训练是正确的做法。然而，要想科学地增肌必须注意休息，并且充分摄入营养才能促进肌肉纤维的生长。

再加上，在掌握了一定程度的基础技巧之后，重要的不

① 平成时代：日本明仁天皇的年号，使用时间为1989年1月8日至2019年4月30日。

是活动身体，而是想象技能训练。有时候在长到一定年龄后，就算进行想象技能训练也不会顺利，这是只能在小时候做的重要训练。

孩子的大脑和大人不同，还在发育的过程中。因此，不断让孩子做困难的事，可以在大脑中建立起轻松处理困难事物的回路。

举例来说，如果不能在小时候注意区分英语中的L和R，大脑就无法建立处理这两种发音的功能。也就是说，小时候的环境会对孩子掌握的能力产生影响。

出于这样的原因，有人会认为最好把孩子放在高水平的环境中成长，这没错。

根据刚才对大脑的描述，如果孩子被放在高水平的环境中，尽管有些吃力，但只要能坚持下来，就能促进大脑的发育。

举例来说，不断练习击打时速120千米的球后，就会觉得时速100千米的球慢，能够打回去。上小学的时候觉得40分钟的课很长，上初中后习惯了60分钟的课，就会觉得40分钟并不长。这是一样的道理。

长期身处高水平的环境，大脑判断的“普通”的标准就会提高。在标准之下的环境中，孩子会感到容易，能够轻松地接受挑战。

所以，如果孩子能够坚持，那么将孩子放在高水平的环境中确实能够促进成长。

跟不上的原因是能力还是毅力

可是无论高水平的环境多好，如果孩子的能力明显跟不上，那么要求他们仅仅凭借毅力，不断挑战高水平的环境，就是一件危险的事。

孩子面对自己要做的事情，如果对需要使用的方法至少能理解到 30%，就能努力适应周围的环境，但如果学了之后也完全不明白，那么留在这样的环境中就没有意义。

孩子明明不懂意大利语，还要让他去上用意大利语教授的哲学课，孩子是无法理解的。如果孩子的水平再低一些，那么就连本来已经掌握的技能也会失去，只会浪费时间。

大人不应该以“为了孩子好”为借口，随便把孩子放在高水平的环境中，而是要仔细分析孩子跟不上的原因。重要的是看清孩子跟不上的原因是能力还是毅力，倾听孩子的意见。

让孩子善于学习的方法

现在的孩子在学校外面也会学习很多东西。因为周围的人都在学习各种各样的技能，所以有人劝孩子说“学学写字比较好”“学学体操比较好”。大家最好不要真的听进去。

让孩子学习他们不喜欢的东西，他们只会觉得厌烦，很快就会放弃，最终没有任何用处。忽视孩子的想法和兴趣、“逼迫”他们学习是不好的。

因此，首先需要确定孩子是不是主动享受学习的内容，如果我是父母，会让孩子尝试各种免费体验课或者“Kidzania[①]”

① Kidzania：面向儿童设计的职场体验公园。

等职业体验设施。

不过这里必须注意的是，如果孩子在免费体验课上表现出厌烦，是不是就能判断孩子“不适合”呢？比如孩子不喜欢上体操免费体验课，可能并不是讨厌“体操课本身”，而是“碰巧有其他想做的事情”。

孩子本来就会凭借一时的判断采取行动，没办法有条理地判断自己喜欢什么，讨厌什么。所以，父母要理解孩子的“善变”，摸清孩子适合什么，不适合什么。

父母有想让孩子学习的技能该怎么办？

虽说如此，父母还是会有想让孩子学习的技能。

举例来说，父母想让孩子弹钢琴，就要让孩子觉得弹钢琴很开心。最重要的是父母能愉快地弹钢琴，孩子是会模仿父母的。当他们发现自己比周围的孩子钢琴弹得更好时，就有可能建立起自信，开始主动练琴。

面对依然提不起兴致的孩子，有的父母会设置奖励机制，比如练习之后就给孩子点心，但我认为这种机制存在弊端。

比如在去上钢琴课前，孩子只要练琴就会得到奖励，那么孩子就会认为弹钢琴是为了获得奖励。而其他行为就成为无法获得奖励的无用行为。这并非好事。

如果要设置奖励机制，最好不要针对练琴这种每天都要做的事情给出奖励，而是当孩子通过努力，在演奏会等不定期举办的活动上取得成果时再给予奖励。

出国留学学的不仅是语言，更是文化

我上大学时曾经被出租车撞到，然后用得到的治疗费去了美国的大学留学。我至今依然认为那时的选择是正确的。

多亏了留学，我的英语水平还不错。最重要的是通过接触外国生活和文化，我同时拥有了日本人的视角和外国人的视角。

日本的人口在不断减少，经济规模在缩小，在工作中常需要用外语与世界各国的人交流。很多人意识到了这一点，因此最近有不少父母希望让孩子学习外语。我的朋友中也有越来越多的父母让孩子上网课，或者去国外留学。

虽说如此，就算上了网课，也不一定能学好外语和外国文化。以我的经验来说，如果不在当地生活，要学好一门语言是相当困难的。我周围没有一个没在国外生活过、外语却说得很好的人。

短期留学完全没有意义

从这种角度来说，要想学习外语，出国留学是最快最便宜的方法。可是1—3个月的短期留学与旅行没有区别，没有意义。

当然，去国外旅行过几十次的人就另当别论。但是，想通过短期留学提高语言水平，理解外国文化是相当困难的。短期留学和旅行只能看到一个国家的表面。

游客无论走到哪里，都是花钱的客人。如果不能在不花钱的情况下满足自己某种程度的需求，是无法理解一个国家的文化的。而要想实现这一点，则必须在国外生活一段时间。因此，为了让海外生活和留学变得有意义，交外国的朋友很重要。

然而，普通生活水平的家庭很难支持孩子长期留学。不过，如果是去亚洲国家留学，就能找到很多比去欧美短期留学更经济实惠的国家。

如果要选择真正有意义的留学，我认为最好选择不通母语、留学费用比长期旅行便宜一些的国家。

第三章

孩子、金钱和网络

需要教孩子的不是金钱的正确使用方法，而是错误使用方法

该如何教孩子理财的方法？这个问题没有标准答案，教育起来非常难。

有不少人就算成年后也会理财失败，由于生活费超出一定的限度而背负贷款，为了还贷款和维持生活不得不日复一日地工作。其中大部分人并没有意识到自己使用金钱的方法不对，让他们教孩子理财实在太难。

金钱的定义多种多样。我认为金钱只是能解决大多数问题的便利工具。

如果遇到法律方面的困难，只要花钱请律师就好；如果不知道该如何投资，只要聘请投资顾问就好。不想打扫卫生，可以请家政；不想做饭的时候可以点外卖……只要有钱，这些问题全都能解决。

可是，不同国家、不同文化背景、不同情况下的金钱观并不相同。

比如在新加坡和中国台湾，人们普遍认为女性与其在家做饭，不如利用这段时间工作赚钱，还能贴补家用。而在日本，女性要承担家务的价值观依然根深蒂固，所以人们往往觉得是女性就要会做饭。

美国同样如此，女性总统候选人希拉里·克林顿发表了“在家做饭不是我的工作”的言论后，遭到了主妇阶层的厌恶。

另外，昭和时代的主流思想认为需要挥汗如雨的体力劳动是正常的，不能靠股票投资这种玩弄金钱的营生生活。可是，最近人们的价值观发生了翻天覆地的变化，就连政府都鼓励人们投资。

想到这里，就算父母具体地教育孩子什么是正确的理财方式，等到孩子进入社会时，价值观说不定已经发生了改变，教育就失去了意义。

那么，是不是没办法教育孩子金钱的使用方法了呢？教育孩子金钱的正确使用方法很难，不过教育孩子金钱的“错误使用方法”却异常地简单。在社交类游戏上花 10 万日元等金钱的错误使用方式教起来简单易懂，因为周围的人看到这些行为都会觉得愚蠢。

不让孩子拿钱是最好的方法

哪怕是父母教过不要这样，可孩子只要手里有了钱，就会错误地使用。如果孩子想要钱，最好不要直接给零花钱，而是在问过要钱的原因后再给他们。

有人认为给零花钱可以培养孩子的理财观念。可是，零花钱不是孩子自己挣来的，而是每个月都能拿到手的，所以用零花钱来培养理财观念很难。就算用钱的方法是错误的，孩子也很难意识到。

另外，如果在孩子帮忙做家务后给他们零花钱，就会让孩子认为帮助别人是为了钱。这种做法并不好。

我在上高中之前，一直不太喜欢从父母手里要零花钱。

或许是因为我不想向父母低头，总之我手里完全没钱。

我去游戏厅也要用朋友的钱玩游戏，当时流行的仙魔大战[①]贴纸也得先问朋友要他们不需要的贴纸，直到换到稀有贴纸。我现在能心安理得地让别人请我吃饭，其实就是小时候养成的习惯。

如果手上没钱，就不需要思考该如何用钱。我就是在这种状态下长大的。

让孩子从小学会没有钱该如何生活的方法，就能让孩子学会判断，只在真正必要的事情上花钱。

虽说如此，我并没有见过和我的生活环境相似的人，所以并不知道这种方法是否适用于其他人。也有可能会让孩子在接受他人的好意时变得毫无感恩之心……

---

① 仙魔大战：东映动画制作，于1987年10月11日至1989年4月2日播出的全75话播映的电视动画。

除了有钱人家，
让孩子学习理财并无意义

和教育相关的书籍和报道中会写，理财教育是为了让孩子将来不会为金钱而苦恼。

有的人不会计算“分期定额还款”，市场上有一种手法专门针对这群人。

尽管每个月支付的金额在减少，可是贷款的本金却迟迟没有减少，所以对于发放贷款的人来说，选择分期定额还款的人就是会不断支付利息的“优质”客户。

可是愚笨的人会不明所以地认为“只需要每个月支付一万日元就能买到想要的东西”。这种想法和只支付贷款利息生活的人十分契合。

我认为之所以有人会产生这种想法，其中一个原因就是他们小时候会定期得到“零花钱”。

如果零花钱的制度常态化，那么就算明白自己有贷款，也会形成惯性思维，觉得只要每个月赚到的钱够支付就可以。结果人们往往不去计算加上利息后最终需要支付多少钱，而是为了渡过当时的难关选择分期定额还款。

如果父母不定期地给孩子零花钱，孩子就会不断思考该如何利用手里的钱。据说培养出日本财务大臣麻生太郎的麻生家，每年只会给孩子压岁钱。如果每年只有一次机会能拿到钱，孩子就必须仔细思考如何用钱，慎重地制订计划。

人是会从失败中学习的动物，因此也可以让孩子在金钱方面遭受失败。不过也有很多不断借钱却依然不会从失败中学习的人，所以他们的风险更高。

没钱的人就算学了投资也没效果

有人认为既然如此，应该让孩子学习理财，对他们进行理财教育。然而对于不懂投资的父母来说，只会说出“炒外汇能赚钱”等表面内容，所以会有风险。

而且在股票投资、不动产投资中，假设收益率是2%，那么只有100万日元资产的人每年只会得到2万日元的利润。当然并不是每年都会得到利润，还会有亏损的情况，我并不建议在投资上花费时间和金钱。与此相比，不如教育孩子考取各种资格，将来找一份能得到资格津贴的工作，以加薪为目标则要实际得多。

说到底，利用普通人能得到的信息进行投资意义不大。普通人并不像有钱人，能从证券公司的人手里得到有潜力的新上市公司的信息。

现实是，普通人在投资中基本赢不了有钱人。与其从小培养孩子金融方面的知识，不如教育他们如何赚到更多的钱。在赚到钱之后进行投资，效率更高，失败时受到的打击更小。

如果不能准备至少1000万日元的现金交给孩子，让他们用这些钱来学习理财，那么理财教育就只是浪费。

为什么不要让孩子认为自己家庭富足

任何父母都不想让孩子有拮据的感觉。

可是完全没有拮据的感觉，对孩子来说究竟是不是一件好事，我认为有待商榷。

在富足的生活中长大的前事务次官的儿子（当时 44 岁）闭门不出，成了没用的游戏宅男，即所谓的“儿童房大叔”[①]，最后让父母对他的未来感到绝望。

① 儿童房大叔：指的是在长大成人后，依然住在父母家的儿童房里的中年大叔。

当然，富裕的家庭能够给孩子提供各种各样的资源。不过富裕有各种各样的模式，有的时候甚至对孩子有害。顺带一提，至今为止我见到过的“富裕的孩子”有以下三种模式：

① 父母做生意后，家里变得富裕。

② 在世代富足的家族中长大。

③ 虽然孩子觉得挺富裕，其实家里并没有太多钱。

在不同模式的家庭中，孩子受到的影响完全不同。

在第一种模式的家庭——“父母做生意后，家里变得富裕”——中长大的孩子，有的会走上不尽如人意的人生。比如，有些艺人的孩子因为服用兴奋剂而多次被捕，或者在父母的公司就职，却因为盗窃被捕。

当然，也有很多人在育儿方面取得了成功，但这种家庭的父母毕竟工作繁忙，没有时间陪伴孩子，只能给孩子提供金钱。父母明明具备获得成功的能力，也明白该如何理财，可是这样的育儿方式却会扭曲孩子对金钱的观念。

接下来是第二种模式——“在世代富足的家族中长大”。这些孩子明白家里有钱，对金钱也有足够的理解。

这是因为父母会努力维持家族的财富，而且孩子周围的朋友大都来自富裕的家庭，所以孩子能够自然而然地学会日常生活中为了延续家族地位的为人处世之术，会在潜移默化中掌握正确的金钱观。

麻烦的是最后一种模式——“虽然孩子觉得挺富裕，其实家里并没有太多钱”。

举例来说，在孩子上小学时就每个月给孩子 1 万日元，孩子会误以为自己家庭富足。可是随着年龄的增长，他们会逐渐看清现实。

和父母做生意的模式一样，第三种模式中的父母工作繁忙，而且实际上并不是特别富足。他们为了不让孩子体会到拮据的感觉，会给他们超过平均水平的零花钱，结果却没办法培养孩子正确的金钱观。

孩子的世界不需要金钱

在上述的任何一种模式中，父母不想让孩子感到拮据的想法都有可能对孩子产生不好的影响。每次从父母手中拿到钱，孩子都有可能产生“与其进入社会工作，不如问父母要钱来得轻松”“就算随意挥霍也有遗产可拿”的想法。

在孩子的社交生活中，炫富本来就没有任何好处，最大的差距不过是“能不能炫耀自己的玩具”。孩子就算不花钱，也能自己找到各种各样的游戏。

尽管如此，父母依然想让孩子感觉富足。我认为这不过是父母自己想要炫耀。而且，不富裕的家庭比真正富裕的家庭更想炫耀。

人在感受到富裕带来的快感后，就会认为“贫穷是羞于启齿的缺点”，越想炫富，身边越容易聚集品行不端的人。因为没办法大大方方地说出自己没钱，所以就会想要在这些品行不端的人面前炫耀，结果导致无法掌控自己的财富。

曾经有一篇报道写过，最近十年里中过彩票一等奖的人里，有 80% 在中奖后却要靠着借钱生活。“不买不需要的东西”“控制购物欲”或许很难，可是如果不能克服这些欲望，就只能始终深陷贫穷的境地。所以，要让孩子从小养成“不买不需要的东西”的习惯。这样一来，就算他们将来赚了钱，也能够不乱花钱。

经常有人说我不乱花钱。我想这是因为我从小就不觉得自己富裕。

我的父母是公务员，正常来说家里并不穷。可是父母总说“我们家很穷”，甚至不给我买游戏装备。或许是因为这样的生活环境，我现在依然不会在不打折的便利店买东西，出门工作时也会从家里自带茶水。

无论多么富裕，钱都是有限的，最终都要靠自己管理。所以，我认为父母最好告诉孩子“我们家没有多少钱”。

从“就算没钱也能过上富足的生活”开始教起

长大后，依然有很多人为金钱而苦恼。既然如此，不如将“金钱观念”列入义务教育的内容中。第一节课的内容最好选择“没有钱的社会和有钱的社会”。

在如今日本这样经济不景气的环境里，越来越多的人对了解赚钱的方法很敏感。但经济不景气会导致赚钱难，想找工作的求职者增加，容易陷入过当竞争，结果工资反而下降，让人们感到不幸福。

这种情况下与其努力赚钱，不如想一想怎样才能不花钱。无论是赚到 1 万日元还是省下 1 万日元，结果都是钱包里多了1万日元。

另外，还有就算没钱也能让生活富足的方法。如今的时代免费游戏和视频供过于求，足以打发时间。在二手平台进行交易，就能以便宜的价格买到生活必需品。在德国等地，到处都会举办“物品交换集市”的活动。

物品交换集市是指人们在指定的日子里自由集合，铺好塑料布，摆出自己不需要的物品进行交换。人们既能交换到童装和玩具，又不用像自由市场那样支付场地费。

其他不花钱的活动

在美国内华达州的沙漠上，每年都会举办禁止花钱的活动，名叫“火人节”（Burning Man Festival）。

7万人在空无一物的荒野上共同生活一周。有人打碟[1]，有人提供食物酒水。除了禁止花钱之外，还禁止一切物品交

① 英文是DJ live /DJ set，简称DJ，指用专业机器对电子音乐编辑加工，DJ的工作全过程都可以称为打碟。

换。这个节日的理念是只允许参与者提供善意。

除此之外，还提供衣服和帐篷，有自行车修理工以及维护治安的警备队等不求回报的人。在这里，人们可以过上和平常一样的生活。

世界上不仅有需要使用金钱的社会，也有不需要使用金钱的社会。不仅要教会孩子“理财方法”，还要告诉孩子在不使用金钱的世界中也能过上精神富裕的生活，这是一件非常了不起的事情。

学会没钱也能生活的方法

在告诉孩子世界上存在没钱也能生活的社会之后，还应该告诉孩子“如果没钱该怎么办”。

人们一想到没钱就会产生不安，觉得活不下去。其实日本是一个就算没钱也能正常生活的富裕国家。只是真正认识到这一点的人很少。

只要是日本的公民，在真正遇到窘困的情况时，虽然没办法过上奢侈的生活，但只要找政府，就能得到各种各样的支援。

一个简单易懂的例子就是低保。在东京，接受低保的人每个月包括房租在内能拿到13万日元，而且还能享受医疗免费的待遇。不用支付各类税金、健康保险和NHK的播放费用，有些地方还会补贴水费等基础费用。只是申请低保需要满足各种条件，不能有存款，也不能购买奢侈品。

"拿低保有点不像样吧"，有人对生存权保障的这些权利有些抵触。不过，除了低保，还有各种各样的支持政策。

日本各地都有NPO法人[①]食物赈济处（Food Bank），为生活窘困的人提供食物。除此之外，还有提供衣服、住所的NPO法人。厚生劳动省[②]也会提供和房租同样金额的住所，确保给付金。另外，各都道府县的社会福利协会可以向没有住所、没有生活资金的人提供10万日元以内的生活费借款，叫作临时特例周转资金。

---

① NPO法人：NPO（Not-for-Profit Organization）法人仁心会，于2015年2月创建，是由在日本或有留日背景的医药保健从业者以及相关公司所组成的新生公益组织。

② 厚生劳动省：是日本负责医疗卫生和社会保障的主要部门，主要有医疗保险、医疗服务提供、药品和食品安全、社会保险和社会保障、劳动就业、弱势群体社会救助等职责。

在衣食住行上遇到困难时，有人和政策来提供帮助，这是日本的优势。但依然有相当多的人认为“没有钱就活不下去”。

只要让孩子充分理解国家能够提供的帮助，就可以让他们在长大成人后不会因为不想做没有意义的工作而缩短寿命，也能够做好准备，一直用自己擅长的事情糊口。

有人会担心如果从小教育孩子没钱也能生活，就会让孩子产生“不努力也可以”的想法，但我认为这是杞人忧天。

因为人总会有欲望，会为了满足欲望而产生工作的动力。比起因为担心孩子不努力，而不告诉孩子困难时有能够依赖的政策，对整个社会来说还是比不了解政策的人更有利。

这些知识才是孩子们在踏入社会之前真正需要了解的，不是吗?

让孩子学会停下脚步，思考自己是否真正想要

我在前面写到，为了避免孩子长大后迷失方向，应该在义务教育中加入没有钱该如何生活的方法。但是在通常情况下，人们还是会为了得到自己想要的东西去工作赚钱。

可是，近年来日本已经进入即使在企业工作也很难加薪的时代。在“努力也赚不到钱”的情况下，重要的不是思考如何获得自己想要的东西，而是停下来思考自己是不是真的想要。

由于新冠病毒不断蔓延，采取远程办公方式的公司增加，服装产品的销售额剧减。大家都戴着口罩，不用出门，上班

既不需要化妆也不需要穿精致的衣服。我很早就开始主张重视穿衣打扮并不会直接提高工作效率，现在终于得到了大家的理解。

现实是比起打扮得漂漂亮亮却做不好工作的人，人们更想将工作交给尽管穿得不够整洁但能力强的人。无论在衣服上花多少钱，不受欢迎的人依然不受欢迎，而受欢迎的人不管穿什么都会受欢迎。

“想要的东西”是企业在欺骗消费者

最近，社会的道德观正在崩塌。人们之所以会认为买到无用的产品 “是被骗的人不对”，归根结底是因为追求利益的企业在增加。

过去，品牌寄托着人们的信任，大家认为大企业不会骗人。或许是企业明白了“欺骗消费者是不对的”这种正义感不能当饭吃，所以如今大企业将完全没有科学依据的氢水卖给消费者，便利店利用底部突起的饭盒实现隐性涨价等事例层出不穷。

在电视等媒体上大量播放的广告也是一个很好的例子。消费者明明并不想要，却被企业欺骗，认为自己想要那些没用的产品。

所以，在如今这个时代，人们需要拥有在欲望面前停下脚步的能力。在思考“我没有钱，要如何得到想要的东西”之前，先尝试坚持一个月，不要买你想要的东西。重要的是训练自己，让自己明白就算没有它们，生活也能继续，学会思考自己是否真的需要那些“想要”的东西。

从小训练孩子这么做，他们在长大成人后也会有没有钱也能生活下去的能力。

以不宜为理由不让孩子看漫画，是在压制孩子的好奇心

“让孩子看多少漫画和动画好呢？”

这个问题和该不该让孩子上网一样，是父母间经常提到的话题。就在前不久，《鬼灭之刃》成为热门话题。不想让孩子看这部动漫的父母认为，不该让孩子看那些有不宜场景的画面。

的确有的孩子会因此会受到冲击，但是，不应因此不让孩子看漫画。

很多中国经典历史故事，例如《三国志》《水浒传》《史记》等，我都是从漫画中学到的。还有更多关于日本史和世

界史的知识，我也是通过漫画了解的。

我从《恺撒》中了解了意大利文艺复兴，从《海盗战记》了解了北欧的海盗知识，从《历史》中认识了古希腊时代最近还通过漫画《黄金神威》了解了阿伊努民族的文化。

上高中时《周刊少年 Jump》上连载了漫画《花之庆次》，以前田利家的外甥前田利益为主角。这部漫画激发了我对战国时代的兴趣，甚至去看了原作历史小说《一梦庵风流记》。

有人认为要想学习历史知识，不该看漫画，而该去看历史书。可是，在日常生活中很少有机会能让孩子对历史产生兴趣。但如果借助漫画的力量，孩子们就会对历史产生兴趣，从而学到历史和文化。

明明有能派上用场的漫画和动画，却不分青红皂白地一味禁止。认为看漫画和动画不像话的父母不了解内容只知道否定。

当然，我同意看没营养的漫画没有意义。看恋爱漫画无法获得任何知识，是浪费时间。尽管如此，要想阻止孩子看这些漫画依然很难。

尽管父母觉得孩子看到有不宜画面的漫画后会模仿，不想让他们看，可是孩子依然会瞒着父母偷偷看。让学龄期的孩子彻底不接触这些事情是不可能的，也并不是所有孩子都会去模仿漫画，所以父母不妨给自己的孩子一些信任。

动漫行业中的团体会设定作品的年龄限制和推荐年龄，但那些标准并非适用于所有孩子。因此，我认为以不宜为理由限制孩子看漫画和动画，只会压制孩子的好奇心，并且很有可能会适得其反。正确的做法不是去限制，而是适时适度地做好引导教育工作。

比起禁止孩子玩游戏，放任才是正确答案

我过了 40 岁之后依然会通宵打游戏。小时候，家里没给我买过电视游戏机。出于叛逆的心理，我过了 40 岁依然没办法控制打游戏的欲望。

我经常听人说，让孩子打游戏对孩子不好，因为孩子会不想做其他事情。

然而这种说法对吗？我对此持怀疑态度。

除了只要花钱什么都能做到的氪金手游之外，打游戏时必须费功夫记住操作方法，磨炼游戏技术，不经历这些麻烦事就没办法通关。面对困难的情况，要利用知识、经验、游

戏技术克服困难，能积累这样的经历也是打游戏的一个益处。

我个人认为，从这个角度考虑，让孩子打游戏并没有什么大问题。

当然，每天打 8 个小时游戏太费眼睛，这一点存在问题。而且，据说孩子在发育过程中长时间看 3DS 的立体影像和 VR 影像有可能导致斜视，所以必须注意。因此，也有父母会限制孩子打游戏的时间。不过，有这样一个故事：

我有几个做游戏开发的朋友。他们家里备齐了几乎所有最新型的游戏主机。对孩子来说明明是像做梦一样美妙的环境，可他们的孩子对游戏却不怎么感兴趣，反而喜欢踢球。

如果家里不经常给孩子买游戏软件，那么就算买来的游戏没意思，孩子也会坚持玩到最后。而就像前文中提到的那样，拥有大量游戏的孩子，却会因为升级很麻烦等原因，在某个时间点放弃电子游戏，开始转向其他兴趣。

在一次次循环的过程中，孩子会厌倦游戏，认为游戏好麻烦，没那么有趣。结果比起打游戏，他们更喜欢和朋友一起运动。

认为一旦让孩子打游戏，他们就不会做其他事情的父母，请试着让孩子尽情打一次游戏。在如今这个时代，不让孩子接触游戏几乎不可能。既然如此，不如让孩子尽情打游戏，或许能提高孩子因为玩腻了而放弃的可能性。

网络没有对错，
我们要做的是思考如何使用

人在上了年纪后，会有否定新事物的倾向。越成功的人越自负，认为“我以前才没用过这种东西”，会更加顽固地否定新事物和新技术。

可是，在这些顽固的大人离开后，孩子们还要继续在社会上生活。所以，他们必须接受并且熟练掌握新事物。

在这些新事物之中，父母不知道是否应该让孩子使用的具有代表性的就是互联网。未成年人因为社交网络和交友软件被卷入犯罪事件屡屡成为热门话题。我想有很多父母认为不应该让孩子接触网络，或者不知道该让孩子从几岁开始接触网络。

虽说如此，但无论父母再怎么阻止，在这个时代生活都不可能不接触网络。

走出家门，在学校和图书馆都设有用于上网检索的终端。当然，有的电脑会为儿童设置屏蔽系统，但是校外的图书馆、家电超市或者朋友家里的电脑并不会设置屏蔽系统，孩子可以自由浏览任何网站。

2014 年 Mynabi[①]做的一项问卷调查显示，有 54% 的人手机没有设密码。这就是说，无论自己的手机密码设得多难，孩子去朋友家时都有可能不需要输入密码，就能打开一部手机或者一台平板电脑。我不认为连密码都没有设置的人，会为自己的手机和平板设置儿童屏蔽功能。

说到底，就算是父母限制的事情，孩子也会在父母看不到的地方偷偷做。我家人也不会给我买 Famicon[②]的游戏，可我还是会去朋友家里玩。

如果父母完全不想让孩子接触网络，那么不仅是图书馆

① Mynabi：日本面向学生的一款求职应用软件。
② Famicon：任天堂生产的红白机。

和家电超市不能去，甚至必须为孩子创造一个没有朋友的环境。可是，这就和为了避免交通事故完全不出门一样，是不可能做到的事情。

我明白这很讽刺，但是让孩子在不接触网络的情况下长大并不现实。所以，父母不要问能不能让孩子接触网络，而是要理解他们是出生在互联网时代，要把精力用在教会孩子如何正确使用网络上。

为什么在家学习最好用电脑，而不是平板

“学校教育还不够”，听到这句话，或许会有人反对。但是，考虑到很多孩子为了考上名校去上补习学校和课外班，可见现实是文科省制订的教育计划并不够。准确来说不是“不够”，而是没有“做到必要的事情”。

我指的不仅是学习力，还包括学校没有教会孩子在社会上生活所必需的知识。

举例来说，明明不用电脑就没办法完成的办公室工作，可是学校并不会教孩子进入社会后需要使用的电脑知识。孩子必须在补习学校和课外班学习电脑知识，或者由在实际工

作中使用电脑的父母来教。

新冠疫情稍稍加快了网课的普及速度。可是，线上教学只是照搬学校的普通教学内容而已。既然如此，难得有上网课的机会，不如让孩子在网上学习学校里不会教的知识更有用。

任何事情都可以成为学习的内容，比如看一整天书，坚持看外语电影，在视频网站上看科学动画，了解物品的工作原理，等等。只是在家里学习时，最好使用电脑而不是手机或者平板。

手机和平板只能用于日常生活

最近，越来越多的大学生不会使用电脑。因为手机和平板是小型化的电脑，操作起来更简单方便，所以不用电脑的人只用手机也不会影响生活。

用手机就可以写文章，可是如果工作中需要用 Excel 画表格，那么用手机就不方便了。用手机学习编程的难度也相当高。

除此之外，当我们需要查询外文网站时，手机会将整个网页翻译成日语，而使用电脑可以做到只进行部分翻译，还能用来学习外语。

我们就算学会了任何人都会用的手机应用软件，也只能成为消费者。要想成为生产者，最好学会使用电脑。如果能让孩子养成用电脑检索并执行自己想做的事的习惯，那么这一定会在他们长大成人后派上用场。

“几岁可以开始用手机”，正确答案是“几岁都可以”

提到让孩子接触互联网，很多人首先想到的是手机。

2020 年，香川县实施游戏限制条例，未满 18 岁的人每天打游戏的时间不得超过 60 分钟（节假日是 90 分钟），还没上初中的孩子晚上 9 点以后不得使用手机。

香川县的孩子真可怜。我觉得他们可怜不是因为他们不能玩游戏或者上网，而是因为这里的父母大多数深信没有科学依据的理论，认为可以强制性地规范孩子行为。

游戏的定义本来就很复杂。比如用来锻炼大脑的游戏，以及可以让幼儿记住物体的名称和颜色的手机应用软件算不算游戏呢？我通过《北斗神拳》的打字游戏学会了盲打。如今，利用游戏高效学习是全世界都在不断发展的领域。

然而那些思想古板的人们却单纯地相信“游戏脑”这种没有科学依据的谣言，来限制未成年人的行为。

就算遵循父母的想法，限制孩子的游戏时间，孩子也基本不会主动学习。只要回想一下在没有手机的时代，孩子们有没有主动学习，就能立刻明白。父母们难道都不记得自己的童年了吗？

用手机也是同样的道理。有了手机就能看到全世界的论文，还能查找不知道的事情。如果认为“手机不好”而禁止孩子使用，反而让孩子损失了学习的机会。

当然，手机看得太多会有影响视力的问题。可是，如果问我孩子几岁可以开始用手机，我的回答是：“只要对家长和孩子都没有造成困扰，那么几岁都可以。”

就算按照年龄进行划分，有人长大后依然会用手机做出奇怪的行为，比如在社交软件上炫耀犯罪，也就是说，这不是年龄的问题。

重要的是让孩子理解哪些是父母不想让他们看到的内容，教育出不会因为接触到不良信息而产生动摇的孩子。父母告诉孩子用手机上网时的规矩，至于孩子能不能遵守，就只能根据孩子的情况来判断了。

为了避免以大人的“不知道”结束话题，我们需要网络

我有一个朋友上初中时曾经问过父母：“为什么$\sqrt{3}$明明是无理数，现实中却存在$1:2:\sqrt{3}$的直角三角形，$\sqrt{3}$的那条边是什么样子的？”父母回答不出来，于是他又问了数学老师。老师告诉他：“考试不会出这种问题，你现在不需要学。”

后来，这位朋友对数学失去了兴趣，不喜欢只为了在考试中得分而学习数学。

不仅是学习，日常生活中大人也常常无法回答孩子们提出的朴素问题，比如：“液晶电视是如何显示的？”“独轮

车怎么拐弯？”能全部回答出来的大人当然是少数。过着普通生活的人无法详细了解各种各样的知识。

可是孩子好不容易有了兴趣，大人却用一句“不知道”打发孩子，有可能让孩子失去求知的乐趣，得出“不知道是理所当然的”这种糟糕的结论。

养成上网查询相关信息的习惯

如果孩子可以上网，就能主动学习感兴趣的内容，养成自己查资料的习惯。

另外，询问他人自己不知道的事情时，尽管能得到有限的信息，却无法了解与询问的事情相关的附加信息。但如果上网搜索，在查询自己感兴趣的未知事物时，还能发现更多问题，找到与自己的兴趣相关的内容。信息是可以无限联系在一起的。主动查询，可以了解意料之外的知识。

人类容易陷入自以为是的状态，如果能在打发时间的时候学到知识，就会误以为自己擅长查资料。

如果能从小养成主动查资料的习惯，长大后遇到问题也不会轻易询问别人，而是会主动查询。这种能力在进入社会后非常重要。明明自己可以查到却总要问别人的人，会被认为工作能力差。

屏蔽功能让孩子明白“看了这些父母会生气”，做个自觉的人

只是，让孩子上网需要制定规则。但在网络世界很难制定明确的规则，就像“不要突然冲到马路上”或者“不要碰炉子，会被烫伤”，等等。

首先，父母能够做到的是为孩子使用的手机设置屏蔽功能。

当然，不能说屏蔽之后就安全了。虽然运营商宣传手机屏蔽可以保证安全，但优秀的孩子能轻易找到漏洞。

尽管如此还要引入屏蔽系统的原因在于让孩子明白不能用钻空子的方法浏览信息，如果被发现的话父母会生气。

重要的是让孩子认识到网上有“看了父母会生气的信息”。这样一来，就算他们看到那些不好的信息，也会犹豫是否要

这么做。

也有父母认为让孩子上网很危险。然而如果孩子真的有办法突破屏蔽系统看到某些信息，就说明这些孩子足够优秀，应该能够马上意识到这些信息其实并没有那么重要。

既然制定上网规则如此困难，我认为可以先将屏蔽系统设为一项指标，让孩子开始尝试。

网络是将孩子从霸凌中拯救出来的稻草

如果孩子可以上网检索，那么他们除了能够学习知识，还会了解世界上存在各种各样的地方和生存方式，自然而然地开始思考自己想做什么，什么地方是自己的安身之地。

如果孩子只能接触电视、杂志等媒体，就容易误认为艺人、歌手、职业运动员等工作很“普通”。以音乐领域为例，孩子们可以通过网络了解到，出道并不是靠音乐养活自己的唯一途径，在饭店旁边演奏乐器赚取小费同样是一份工作。

另外，孩子们还能了解到世界上也有不工作的人，也有人们不需要工作就能活下去的社会。

或许有人认为让孩子知道这些有坏处，可是我认为了解劳动价值观的多样性非常重要，可以减少忍辱负重、坚持在黑心企业工作的不幸者数量。

把孩子从家暴和霸凌中拯救出来

想要了解自己目前所处的环境，网络是非常重要的工具。如果孩子所了解的世界只有家庭，就容易认为自己所处的环境是普遍存在的，但事实并非如此。

我多次提到我小时候经常听父母说“我们家很穷”。如果我当时能够上网搜索，就不会陷入“做公务员的父亲很穷”这种思维定式中了。

我这种程度倒没什么。如果孩子身处于校园霸凌或遭受父母无视的环境中会怎么样呢?

以前有些文化层次不高的父母要未成年女孩去不正规的地方打工，他们的孩子认为自己所处的环境是正常的。如果孩子身处于能够上网的环境，就会通过查询发现自己所处的环境是否安全，还能学会逃脱的方法，找到除学校之外其他可以咨询的机构。

就算孩子无法找父母和老师咨询校园霸凌的事情，如果他们知道其他可以咨询的机构，说不定就能防止最糟糕的事情发生。我们生活在有互联网的时代，增加孩子获救的可能性，也是大人的责任之一吧。

我认为让孩子上网的好处中，还有一点就是上网能避免不幸的发生。

父母要明确边界，可以浏览，不能发送信息

浏览网页的行为和主动发送信息的行为完全不同。

举例来说，就算通过检索看到了制作炸弹的方法等信息，只要没有实际行动，就不存在任何问题，因为父母看到后就能够控制。

可是，如果孩子在网上发送了“我教你做炸弹的方法”或者“我要炸 ××”的信息，警察就会来逮捕其家庭成员。如果孩子在父母看不到的地方发送信息，父母都没有办法制止。只是在网上浏览信息几乎不会造成实质性的危害，可是在发送信息的瞬间，就有了造成实质性危害的可能。

邮箱和社交网络等能够与个人取得联系的“发送信息”的功能同样如此。这种情况下，如果孩子给别人发送了信息，想要做坏事的大人就可以单独联系孩子。举例来说，如果有100个孩子在推特和照片墙等社交软件上发送了“我是BTS的粉丝”的信息，然后收到一条“我认识BTS，可以让你见到他们，我给你寄门票，告诉我你的地址”的信息，那么就会有很高比例的孩子上当受骗。

如果是需要确认身份，只能由本人登录的社交软件还好。可是，在任何人都能免费登录的社交软件上，到处都是想要欺骗孩子的成年人。孩子会在这些软件里天真地“发送”个人信息，使用这些社交软件只会增加风险。

你的孩子能够独自旅行吗？

因此，如果我是父母，在孩子能够独自判断什么事情能做之前，会限制他们上网时只能“浏览”。简单来说，这和“你会让孩子独自出门旅行吗”是一样的道理。上网同样如此，在能够对孩子放心之前，最好限制孩子只能浏览信息，不要让孩子登录社交软件。

虽说如此，最近还是出现了学校社团的联络网和 LINE 的群组等功能。父母可以共享未成年人的登录账号。父母最好能随时看到孩子在网上做了什么。

在孩子浏览信息后能独自处理并解决问题之前，社交软件只能作为浏览信息的工具，不能作为发送信息的工具。虽然好友认证（通过制）的方式可以通过筛选留下没问题的人，可是没有人能够保证上传到社交软件上的文字和照片不会泄露，毕竟好友可以把文字和照片截图后发给其他人看。

让孩子学习分辨 网络上“谎言”的方法

如今，大家只要有不知道的东西就会马上上网搜索吧。有时在开会的过程中，如果不知道面前的人所说的内容是否正确，立刻上网搜索是最快的方法。

可是并不能说在网上查到的内容全都是正确的，也有很多看到的是错误信息的情况。

网上还散布了很多假新闻，就连成年人都会被骗。最近，连血液清洁和氢水这种几乎毫无科学依据的信息都因为名人的推荐，得到了很多人的推崇。在推特和照片墙等社交软件上，任何人都能随意地发送信息。信息会自动传播，带来麻烦。

我曾在 2channel 上说过："一个不能看穿谎言的人会好难。"其实，这不仅限于 2channel。

成年人中也会有人无法看穿网络上的谎言，更没办法教孩子看穿谎言。这和学历低的父母就算逼迫孩子接受应试教育，也只会让孩子厌恶学习，没办法提高学习力是一样的道理。

那么该如何是好呢？如果我是父母，在孩子能够看穿假新闻的真伪之前，为了让他们能够对网上的信息保持怀疑，会让他们亲身体验"网上有很多地方可以随意上传信息"。

举例来说，当着孩子的面在论坛上写下"冰激凌吃多了就会便秘"这种明显是谎言的信息，然后告诉孩子任何人都可以在网上随便撒谎，再带着孩子一起试着吃很多冰激凌。孩子会因为吃坏肚子跑去上厕所，通过亲身经历知道网上存在假新闻的事实。

要想看穿网上信息的真伪，需要掌握知识。要求孩子掌握这么多知识太过分，正如前文中所说，这点就连成年人也很难做到。既然如此，最好能告诉孩子，对于来路不明的信息要保持基本的怀疑态度。

就算是全国发行的报纸上的署名报道，因为责任明确，如果出现错误，报社也很容易推卸责任。因此，首先要教育孩子不要变成愚蠢的人，不要相信“导航网站上的内容就是真实的”。

第

四

章

日本糟糕的学校和育儿环境

黑色校规遍布的原因在于学校嫌麻烦

学校有校规，可我从来没有意识到校规这回事。

我上的初中是出了名的差学校。教室后面的地上有烟头，既有老师被学生打到失明，又出现过一天打碎 13 块玻璃的情况。顺带一提，打碎 13 块玻璃的是我和我的朋友。

因为我在这种环境中度过了初中时光，所以从来没有意识到有校规这回事。

我的高中也是在以“没有校规”（当时）出名的都立北园高中度过的。学生没有校服，下课后可以直接去居酒屋，因为穿着自己的衣服，所以就算抽烟也不会有人上来阻止。

由我这样一个上学时不把校规放在眼里的人来说或许有些不自量力，可是社会上确实有些学校会有很多奇怪的校规。

很多学校会规定内衣的颜色和图案。在新冠疫情出现后，甚至有学校规定“口罩要戴白色的”。另外，还有“课堂上如果要去上厕所，男生不能超过1分钟，女生不能超过3分钟，否则视为缺席”这种奇怪的校规。

无法解释的校规只要修改就好

社会中也有一些不明所以的规则。

比如在马路中间停留是违法的，骑没有安装车铃的自行车也是违法的。

校规中之所以会存在明显不正常的规则，目的是要培养出有规则意识、不会反抗的顺从孩子。确实有学校打出类似的口号。

可是，我认为学校其实没想太深。比如，之所以存在“不得烫头，如果有学生烫头，就要让他们重新拉直”的校规，或许就是因为修改校规很麻烦，比检查学生是头发睡乱了还是烫头更麻烦。

学校和社会既然要管理各种不同的组织，就必须制定规则。可是，当规则不适用于组织时，需要有改变规则的方式。当存在不明所以的规则时，负责修改规则的不仅有国会，还有社会上的各种组织。

举例来说，如果学生可以在学生会上提出议案、通过讨论修改校规的话，那么无论有多少奇怪的校规都没关系。

可是校规很难轻易修改，哪怕明显过分的校规也无法修改，这件事很奇怪。这种情况下，可以在网上曝光，或者向媒体揭露。

黑色校规之所以受到热议，也是因为曾在世田谷区的议会上被讨论过。引发热议后，教育委员会的人会联系校长确认情况，可以给校长施加压力。

是否应该遵守校规，取决于校规的存在理由能否被客观地解释清楚。制定校规的人们需要认真给出能被接受的解释。

为什么会出现
“必须服从前辈”的奇怪理论

日本有一个奇怪的常识，后辈必须服从前辈的命令。

就像上司能够命令下属一样，一个组织里必须制定上下级关系。很多人深信早一年进公司、年龄大一岁就有理由对后辈下命令。很多人都经历过不讲道理的事情。

前辈的借口是“我做后辈的时候也吃过苦，所以别人吃苦也是应该的”。但这种借口缺乏合理性。

社会的发展需要不断试错，避免下一代承受和自己同样的苦难。然而，日本的学校往往会否定这种观念，会出现在其他先进国家里无法理解的事情。

从生孩子开始就被灌输的思想

请大家仔细思考一下，日本人为什么会有这样的想法？我觉得要追溯到生孩子的阶段。

在日本，如今依然存在“生孩子会痛是理所当然的”这种强硬的想法。在法国，有大约80%的人选择无痛分娩，而且麻醉的费用也会由国家来出。法国人的想法是既然有不让产妇疼痛就能完成生育的合理方式，就没必要故意让产妇忍受疼痛。

有人会说“忍着痛生下来的孩子才会更加疼爱”。可我对父母生孩子的时候不疼就不关心孩子的情况却是闻所未闻，见所未见。

日本只有5%的人选择无痛分娩。虽说医疗保险不包含无痛分娩，需要花费几万到二十万日元，可我依然认为选择无痛分娩的比例实在太少。

自己吃过的苦也要让别人吃……

同样的事例还出现在婴儿液态奶上。欧美国家很早就开始使用婴儿液态奶，且已习以为常。日本直到2019年才终于开始销售液态奶。使用婴儿液态奶好处多多，既能节省冲奶粉的时间和精力，还能防止细菌混入。日本法律此前却一直禁止销售婴儿液态奶。

日本至今依然存在母乳信仰，认为母乳喂养好。明明母亲没有母乳，新生儿就会身体衰弱，可有的医院仍然坚持只让婴儿喝母乳。

我的一位朋友生孩子的时候，她所处的医院就崇尚自然分娩和母乳信仰。母亲的奶水明明不够，医院依然只给新生儿提供母乳和汤水，结果新生儿出现了脱水和低血糖的症状，只得住院。后来给新生儿喝了牛奶，马上就好了。我无法理解为什么不顾新生儿的生命危险也要坚持母乳喂养。

我认为存在于这种思想背后的是日本人心中根深蒂固的想法，那就是“自己吃过的苦也要让别人吃”。

从出生开始，日本人就在不断压迫下一代的气氛中长大。

这种行为具备了正当性，越来越普及，直至影响到日本社会和学校教育，最后造成了“后辈必须服从前辈”的情况。

昭和时代的体育社团规则在进入社会后能够派上用场

我喜欢宅在家里，是典型的文科学生，但也有过加入少年棒球和剑道社等体育社团的时代。

我经常听别人讨论是否应该让孩子加入体育社团。我的回答是肯定的。最近有很多人反对采用体育社团的规则[①]。因为年轻人少，所以越来越多的公司不再倡导体育社团规则，公司前辈也不会再提出不合理的要求。然而依然存在一个事

① 日本的体育社团严格遵守前后辈关系，后辈需要无条件服从前辈。

实，那就是参加过体育社团对就职有好处。

体育社团的优点在于能够锻炼身体，能够学会团队合作。而且，熟悉“体育社团规则”还能培养忍耐力，忍受不讲理的要求。

当然，与销售工作无关，可以一辈子靠技术养活自己的从事技术工种的人不需要遵循体育社团规则。可是，能够靠技术养活自己一辈子的人毕竟只是一小部分。而且，只有在社会中打拼几年后，才会知道自己是不是能靠技术吃饭的人才。

就算在技术岗位取得了成功，如果在公司里出人头地或者独立创业，依然不得不面对各种不讲理的情况。所以，我认为理解体育社团的规则，很可能会在将来派上用场。

进入社会必须拥有“忍耐不讲理”的能力

除了职场，温和派不良少年团体和体力劳动的工地等地方，体育社团规则同样无处不在。就算是在完全不了解体育社团规则的文化类社团社长创立的风投企业中，也会出现上司强迫下属表演才艺或者模仿体育社团规则的情况。而且，讨好高高在上的领导这种符合体育社团规则的行为，不仅在日本，在国外同样适用。

体育社团金字塔最底层的人需要表明态度，会高高兴兴地听从上层的人说的话。当人们在工作中不得不迎合领导的兴趣，为其家人提供服务时，在体育社团底层打拼过的经验就能派上用场。

当然，无法忍受这种情况的人只要去其他公司就好，然而很多人由于能力不足并没有办法跳槽。在体育社团中培养出的对不讲理行为的忍耐力变得非常必要。

如果孩子在小时候经历过体育社团这种根深蒂固的弱肉强食的思想，就能在日后应付社会上形形色色的人。不要仅仅因为是“体育社团”就不分青红皂白地心生厌恶，否则对孩子的未来没有好处。

会加速霸凌和少子化的 PTA[①]还是取消为好

日本少子化现象从 40 多年前就开始受到重视，然而始终没能得到改善，反而不断恶化。

举例来说，我经常听说推着婴儿车上公交会遭到嫌弃。如果孩子出现在公交车上是一件司空见惯的事情，那么哭个不停的婴儿坐公交就会变成日常行为，育儿的辛苦也会减少。然而，实际上随着少子化程度越来越严重，人们看到这种日

① PTA：Parent-Teacher Association，学校家长联合会。

常行为的机会逐渐减少。于是，哭泣的孩子出现在公交上的场景成为异常情况，父母因此越来越抬不起头。

改善育儿环境对于解决少子化现象来说非常重要，但经济问题同样是一项重要因素。就算一对夫妻由于经济上的原因想要一起工作来养育孩子，也会四处碰壁。其中一个原因就是在进入小学后要自动加入 PTA。

PTA 中有项不成文的规定，成员有义务参加学校的除草和打扫卫生等活动，要在孩子在校期间帮忙组织一次活动等。而且，因为老师是公务员，有老师参加的会议都会安排在工作日的白天。如果夫妻俩都要工作，就必须有一方请假。如果公司不理解育儿的困难，请假的家长未来就得不到由自己负责的工作。

因此，越来越多的人认为“在生活稳定下来之前没办法养育孩子”，少子化现象越来越严重。

PTA 明明应该自愿参加

法国和美国的 PTA 都采取自愿参加的模式，有的学校甚至没有 PTA。学校的卫生可以花钱请人做，运动会等活动如果需要花钱，只要大家凑钱就可以。

在日本，PTA 也姑且算是自愿参加，强制加入是违法的。然而，实际上不加入 PTA 的人会遭到其他父母的冷眼，还有可能导致孩子遭受霸凌。因此，事实上加入 PTA 几乎成了父母的义务。

当然，PTA 也有优点。但更有意思的是，在日本文化里，学校竟然是默认这种违法行为发生的。

在夫妻一起工作育儿成为常态的社会中，如果要解决少子化的问题，就必须改变 PTA 的形式，避免父母不得不请假参加会议的情况。比如，可以选择是否参加会议，从晚上八点开始开会，将缺席会议视为正常情况等，我觉得这原本是该由国家或者政府率先推进的议案。

校园霸凌不应该以平息为目的，应该以避免为目的

在我小时候，马路上到处都挂着写有“祝愿全人类和平”的招牌。人们从45年前就开始做这件事了，可是众所周知，全人类如今依然没有获得和平。

人类的愿望之一还有解决霸凌问题。可是，每当我看到高喊“消灭霸凌”的人，都会感叹不理解愿望和现实的区别的人真多。

霸凌问题是教育中不可避免的问题。我理解人们前赴后继，相信能够消除霸凌的行为。可是，就连成年人在职场上屡屡发生的霸凌问题都无法解决，孩子之间的霸凌真的能够

被消灭吗?

如果霸凌真的能够被消灭，我想这个问题在1000年前就已经解决了。如此想来，霸凌是人类集体生活中必然会发生的问题，我认为消灭霸凌是不可能实现的事情。

另外，有人会谈论究竟是实施霸凌的人不好，还是被霸凌的人不对。可是，就算找到了错误方的原因，依然难以从根本上解决霸凌问题。举例来说，在治安不好的地区摆出一副有钱人的样子走在路上，遭到袭击后再讨论是袭击的人不好还是被袭击的人不对已经失去意义了，因为不可能消灭所有坏人。

既然如此，面对霸凌问题可以做的不是“消灭霸凌”，而是应该思考“避免霸凌”的方法。

提高霸凌成本

那么为什么会发生霸凌呢？人类从还是类人猿的时候开始，就会在集体生活中排挤混入的异类。

在日本，会出现仅仅因为外形不同这种鸡毛蒜皮的小事就霸凌混血儿的情况。人类会因为某些不同而排除异己，习惯于通过排除异己来加强同伴意识。

我是在东京赤羽地区长大的。因为那里多样化程度较高，班里经常会有外国人或者残疾人，所以没有对这类人群的霸凌。可是，他们在缺乏多样性的地区就会成为被排挤的对象。

由于这是人类的习性，所以无法改变。可是，霸凌是有回避的方法的，其中之一就是提高排除异己的成本。也就是说，让人们认为“排挤那家伙会给我带来损失”。

可是，孩子尚且难以理解集体的损失和利益，无法有逻辑地理解做一件事对自己的坏处，所以在物理层面“加强肉体力量”也是一种方法。既然难以解决霸凌问题，那么为了避免霸凌，我认为锻炼身体、学习格斗技巧等是现实中正确的方式。

“应该阻止霸凌”是身处安全圈的人的想法

从善恶角度来看，在有人遭到霸凌的时候阻止是正确的行为。可是与想要排除异己的多数派唱反调，同样会证明这个人本身就是异己，结果阻止的人也有可能成为霸凌的目标。

“见到霸凌行为应该阻止”是站在集体之外的安全圈中的人才能说出口的话。身在集体中时，如果没有人保护，阻止只会增加风险。

看到眼前的霸凌行为时，必须要做的是理解多数派为什么要采取霸凌行为。我们当然没有必要接受霸凌者的借口，不过理解霸凌者是如何将自己的霸凌行为正当化的，依然非常重要。

在此基础上，要明确告诉霸凌者他们的行为会带来的坏处。要想阻止霸凌，必须提出以其他形式解决问题的方案。

然而就算在成年人中，也很少有人能够做到这一步，因此要想阻止霸凌，或许比较现实的方法还是锻炼自己的身体。

如果孩子不愿意上学，不一定要逼迫孩子接受“普通教育”

教育中的一大问题是孩子不愿意上学的问题。一旦孩子不上学，父母和孩子都会对未来感到不安。

不愿意上学的原因多种多样，其中之一是学习力的问题。孩子上课跟不上，认为学习非常困难。

在不考虑每个人发育速度不同的情况下，只要有能够认真教课的老师，中小学水平的课程孩子们都能理解。也就是说，孩子觉得学习困难，有 80% 的原因在于老师的教学方式不好。

可是，学校老师的教学能力有好有坏，学生没办法选择老师。

我认为要想减少因为学习困难而不愿意上学的孩子，可以让孩子们在学校里上网课，听讲课深入浅出的老师的线上课程。如果孩子在线上课程中有不理解的部分时，再由学校老师直接解答。这样一来，就有可能解决因为学习困难而不愿意上学的问题。

孩子不上学带来的最大问题是什么

另外，除了学习困难之外，还有其他导致孩子不愿意上学的原因。比如被霸凌、被老师讨厌，等等，这种情况只要转学就好。可是，如果不愿意上学的原因是不擅长处理人际关系，那么就算转校，也会发生同样的问题。

虽然可以选择上函授学校[①]，但是我反对这种选择。

因为不擅长处理人际关系而选择函授学校的话，就会失

① 函授学校：函授，区别于面授，指运用通信方式进行的远距离教学。学员以自学函授教材为主，面授为辅。函授学校指提供这种形式教学的学校。

去学习如何与人交往和交流的机会，长大成人后也会吃苦。不上学最大的坏处不是学习力的问题，而是会导致孩子不擅长与人交往。为了解决这个问题，必须训练孩子实际与人交往的能力。

反过来说，线上教学可以让孩子掌握足够的学习力，如果能在学校以外的地方学会交往、处理人际关系，那么就算不上学也没问题。因为就算你不上学，也可以找到学习人际交往的地方。

我认为如果孩子因为人际关系不愿意上学，父母不应该出于“尽可能让孩子接受普通教育”的考虑选择函授学校，重要的是从孩子能做到的部分开始，选择自由学校[①]或者少年宫等。

---

① 自由学校：由私人经办，反对传统讲授法，提倡学生按兴趣活动。

少子化是不愿花钱的日本政府造成的

我认为只从对新冠肺炎的补贴方式，就能看出日本政府没有认真解决少子化问题。

日本政府中有很多二代议员，可见多数政治家都出生在富裕家庭。不知道是因为他们不理解父母都要上班的家庭育儿的辛苦，还是因为不想把钱分给不支持自己的人，政府议员们明明嘴上说着“必须解决少子化问题”，却依然放任社会上出现育儿困难的情况。我甚至怀疑他们是故意的。

在日本育儿会面临很多障碍。育儿假不好请，在一些地区，甚至很难把孩子送进正规的保育园。

在克服了少子化问题的法国，父母都要上班和非婚生子的情况很常见，家庭补贴也非常丰厚。育儿嫂的时薪要1700日元左右，但是因为有补贴，所以父母只需要花每个小时1000日元的价钱就能请到人照顾孩子。如果是低收入家庭，每个小时只需要花140日元就能请到人照顾孩子。

欧洲大学的学费几乎相当于免费。很多国家不需要在教育上花钱，就算有孩子，也只需要赚够房租和餐费就好。

昂贵的日本育儿

如果日本的父母都需要工作，并且孩子上不了保育园，就要自己请保姆。整个东京请保姆的价格大约是每小时3500日元。这样一来，很多人工作得越努力反而越花钱。

另外，在日本供孩子上大学要花费将近1000万日元。和学费高昂的美国相比确实便宜，可是在世界范围内来看这依然非常昂贵。了解了日本的育儿情况后，大家当然会认为生孩子很难。

可是，这些问题都可以用钱来解决。尽管有人提出“不要依靠国家，自己去挣钱”，但是只有国家才能提供补助，解决少子化问题。我经常说“出现少子化现象是政府的责任”，要想解决少子化，就要提出让人们觉得“生孩子有钱拿”的方案。

不生孩子的理由因人而异，可是内阁政府的调查显示，面对“你会在什么样的情况下结婚”的问题，排在第一位的回答是“经济上有富余的时候”，排在第二位的回答才是“有机会遇到（邂逅）心仪异性的时候”。国家很难制定帮大家寻找男、女朋友的政策，因此解决少子化问题的对策只能是在经济方面创造让育儿更容易的环境。

为每个孩子支付 1000 万日元

那么什么样的补贴政策好呢？

比如举办“给每个在 2022 年出生的孩子发放 1000 万日元补贴”的活动。这样一来，应该会有很多人在 2022 年换工作，找更容易结婚、休产假和育儿假的工作。

日本 20—25 岁的年轻人的平均年收入是 263 万日元（2020

年国税厅调查结果）。在不那么喜欢工作的人中，认为通过生孩子获得相当于年收入 4 倍的补贴更划得来的人或许会增加。

这项活动实施后，2022 年出生的孩子会增加，生产尿不湿、奶粉等婴儿用品的企业的销售额会实现总体增长。接下来，幼儿园、小学和补习班会遇到婴儿潮世代，需要扩建学校，增加保育员和老师的人数，社会需要不断在建设育儿环境方面进行投资。

或许有人会担心国家的预算不够。按照日本人的平均年收入 436 万日元来算，平均每人每年的纳税额能达到 70 万日元。支付 1000 万日元让人们生孩子，只要父母一方在孩子长大成人前工作 15 年就能收回成本。20 年后，孩子成为纳税人，社会就会变得富裕，与其按照现在的体制批量生产傻瓜，不如扩充教育资源，改善教育环境，增加受到良好教育的人数。也许，这对国家来说结果会更好。

可是政治家为了在下一次选举中当选，眼中只有选票，无法用长远的目光看待日本。假设日本女性的生育年龄集中在 30—35 岁之间，比起她们的选票，政治家们认为以人数更多的高龄者为目标，推出昭和年代的价值观更安全。就算实施生育补贴，也得不到太多选票，恐怕他们以后也很难提出给育儿家庭发放补贴的政策。

大学不免费，聪明的孩子可以免费上

日本的少子化问题越来越严重，将来优秀人才的绝对数量必然会减少。然而遗憾的是，有些聪明、想学习的孩子却因为家里没钱不得不放弃学习。

国家未来的发展应该是由人口数量和教育水平决定的。

在人口减少的国家中，未来面向国内市场的产品销售额会下降，从而导致不再（无法）投资设备，雇员减少，经济下行。

虽然可以让像谷歌和苹果那样的公司集中一部分超一流的优秀人才，让这些企业赚够 GDP 的大头，其他人只需要赚到足以维持生活的钱就好，但是要想达成这种模式，必须具备能够培养出超一流人才的教育水平。

也就是说，国家的发展需要提高“人口数量”或者“高水平人才的质量”，或者双管齐下。

世界上的先进国家明白这个道理，所以形成了“如果聪明的孩子因为交不起学费而放弃学习就太可惜了，所以要降低学费”的潮流。

美国私立大学的年平均学费是370万日元，就算是公立大学，其他州的学生也需要支付每年230万日元的高额学费。而且，美国还提高了大学毕业的门槛，来证明毕业生的优秀。而在很多欧洲国家，父母如果让孩子上欧盟国家的大学，就不需要支付大学学费。

澳大利亚、芬兰、法国、德国、瑞典……当然，有些国家的大学教科书费用和登记费用要花几十万日元，但是与日本和美国相比，依然很便宜。俄罗斯地方大学包含书费在内，每年的学费大约为17万日元，每个月的住宿费也只需要大约4000日元。

除了美国之外，其他先进国家的普遍想法是降低学费，提高将来要建设国家的人才教育水平。

只是在为 F 等级的大学投入没有回报的税金而已

日本也能偶尔听到大学免费的话题。聪明的孩子因为经济原因无法上大学实在可怜，而且对日本的未来也是一项巨大的损失。因此，我也赞成大学免费。

不过，我很难赞成全面免费。日本有的大学被称为 F 等级。这种大学就算不上课不学习也能获得学位，但毕业生进入社会后却派不上用场。

由于少子化的影响，也有大学为了招揽学生，几乎不需要考试，只要支付学费都能入学、毕业，而且以留学生的名义招揽希望来日本挣钱的外国人，每年会接收大约 700 名连住处都不知道的留学生。

如果日本政府真的实施了最近讨论的大学免费政策，就要为这些大学投入税金。这样一来，就谈不上培养出优秀的学生了，只会出现为了保证学生数量、招来大量留学生继续苟延残喘的大学。这种做法只是在浪费人民的税金。

那么，我认为如果要实施大学免费的政策，可以制定由国家为在高考中取得超过规定分数的学生支付学费的制度。

这样一来，优秀的学生不需要支付学费就能进入心仪的大学，不喜欢学习却想上大学的人，只要自己支付学费就行。

优秀的学生不管在名校还是在F等级的大学都会免费。我想F等级的大学也会努力为优秀学生制订吸引力强的教学计划。

有人会说“不聪明的学生就要付学费，好可怜”，可是国家没必要为本来就不想学习的学生浪费税金。如果他们想免费上大学，只需要复读一次，重新挑战高考就好。

为优秀的学生免除学费，可以让本想上大学、但高中毕业后不得不工作，甚至无法从每天的生活费中攒出学费的人也有上大学的希望。

在与年龄无关、只要真心想要学习就能接受高等教育的社会中，才会有更多的人从事有价值的工作，日本的生产效率才会提高。

日本社会对母亲的要求过高容易诞生毒亲[①]

“毒亲”这个词已经渗透日本，成为社会问题。

毒亲，最初指的是做出让孩子觉得麻烦的行为，造成恶劣影响的父母。网上曾经有一篇报道提到日本的父母对孩子过度干涉，“有成为毒亲的可能”，引发了热烈的讨论。

或许，日本的父母确实会过度干涉孩子。与其他国家相比，日本的父母对育儿嫂的抗拒也更强。不仅是父母本身，

① 毒亲：对孩子恶言相向、暴力虐待、情绪勒索、过度干涉支配孩子的人生，等等，以爱的名义给孩子的精神和身体带来伤害的父母。

家里人也都有着难以摆脱的观念，认为不该请保姆，“应该由母亲来养育孩子”“辅食就要亲手做”。我认为这种观念的影响与过分干涉的行为息息相关。

虽说如此，与所处的国家无关，几乎所有父母都认为自己的孩子可爱，因此有过度干涉的倾向也是无可奈何的事。

需要关注的是“错误的干涉”，而且确实存在做出错误干涉的父母。自顾自地认为“应该这样做”“不能这样做”，然后规定孩子的行为，相信自己的经验全都是正确的，逼迫或者限制孩子做出自己认为正确的事情。我认为这就是错误的干涉。

举例来说，有人认为放学回家后应该先做作业。赞成和反对的声音都有，但我认为如果孩子是主动选择，那么有时候早上早起做作业效率更高。可是，固执己见的父母听不进去别人的意见，会远离提出意见的人。

我觉得如果诸如此类的错误干涉不断持续，最后父母就会陷入所谓的“毒亲”状态。

对负责育儿的母亲要求过高的问题

在日本，造成错误干涉的原因之一，在于和其他国家相比，父亲参与育儿的程度太低，结果出现了对育儿的母亲要求过高的问题，导致母亲进一步陷入过度干涉的状态。为了解决这个问题，最好让父亲参与育儿成为常态，减少对母亲的要求。

举例来说，我在前文中已经提到了“辅食应该亲手做”的风潮。如果父母能够接受“市面上的辅食比亲手做的更卫生”的观点，就可以轻松地利用市面上的成品辅食了。

在育儿的过程中，将对孩子的干涉保持在适当的程度，反而更能接近孩子，属于正确的干涉。

"弃婴保护舱"是必要的，社会上存在一定数量无法育儿的父母

熊本县慈惠医院在实施一项名叫"鹳鸟摇篮"的项目。如果听到这个名字感到不明所以，那么写成它的俗称"弃婴保护舱"，大家就会明白了吧。

弃婴保护舱是保护那些因为各种原因无法养育孩子的父母所遗弃的婴儿的场所。医院会联系警察，将婴儿送到儿童咨询中心接受保护。

对于设置"让父母抛弃孩子"的弃婴保护舱也有批评意见，认为这样会"让父母更轻易地放弃孩子""给儿童咨询中心增加负担"。但我认为不能一概而论，我反而赞成设置弃婴

保护舱。

听了我的话，或许有人会说："你在拥护自顾自生下孩子却放弃育儿的父母吗？"我认为在这个时代，可以将生产任务和养育任务分开。

根据厚生劳动省的报告，2019年全国儿童咨询中心上报的，对18岁以下人群的虐待事件达到了有史以来最多的193780件，比上一年增加了21.2%，数量达到了历史最高。

另一方面，2020年总务省统计局的调查结果显示，15岁以下的人口数量为1512万人，与上一年相比减少了20万人。总的来说，尽管孩子的数量减少了，虐待事件却在增加，情况非常糟糕。

日本人往往觉得孩子离开父母就无法感受到父母的爱，把孩子送进福利机构太可怜了。这些负面情绪让父母很难轻易放弃养育孩子，导致虐待和无视的发生。

当然，明明不想养却不做避孕措施生下孩子是父母的不对。也有的父母明明想要孩子，真的生下来后却遇到了麻烦。这些麻烦是在真正成为父母之前无从得知的。

就算社会强制要求父母努力育儿，可父母同样是人，世界上有很多不想努力的人，也有不负责任的人会对其他人采用暴力，而他们同样会为人父母。

想要改变不想在育儿方面付出努力的人很难。如果不允许他们在社会上存在，除非能够采取极端行动，比如所有人必须参与统一考试，分数不够就要被处以极刑，否则是无法实现的。

但是，如果父母放弃在育儿上付出努力，孩子就活不下去。那么还是交给儿童保护机构对孩子更好。

不要责备父母，要改善环境

有人认为“孩子应该由父母带”“只要自己想办法总能做到”，可这是家庭核心化前，夫妻不需要共同工作的时代的情况。提出这种说法的都是没发现当时与现在育儿条件的差异、不考虑时代发展的愚笨之人，无论他们说什么都不需要在意。

事实是有很多人因为各种各样的原因难以养育孩子。既然比起自己来养育，交给别人养育更能让孩子获得幸福，那么就可以将孩子送进福利机构。

如果将孩子送入福利机构的行为不再罕见，而是会受到肯定并且得以传播，就能减少虐待儿童事件的发生，育儿辛苦的观念也会淡化，便会有更多的人想要孩子。

当然，最好的情况是不用依赖儿童福利机构就能解决虐待儿童和少子化的问题。可是既然难以达到，那么就应该由政府准备一些在父母遇到困难时能够依靠的场所。或许这是儿童咨询中心的工作。然而，现状是儿童咨询中心既没有预算也没有精力，结果每天都有虐待儿童的事件发生。

重要的是不要责备无法育儿的父母，而是创造出能让孩子顺利成长的环境。从这种角度来说，我认为能让父母没有阻力地放弃孩子也是一个办法。

绝对不要听信“不去学校也可以”的论调

在提到学校教育时，人们常常会讨论“上学有没有必要”的问题。

孩子不想去学校本来就是普遍现象。正因为如此，“让孩子能够做不想做的事情”成了上学的目的之一。如何学习不想学的内容、养成学习习惯也是上学的意义。因此，我认为学校并不是可去可不去的地方。

我能够理解认为“不去学校也可以”的人的想法。他们大多是拥有某项才能，并且取得成功的人。才能只有在少数人拥有时才被称为“才能”，从这个角度来说，大多数人都“没有才能”。

没有才能的孩子要被卷入社会竞争之中，所以最好能够学会计算，学会外语基础，修养身心，做好尽可能多的准备。通过让孩子上音乐、手工、美术等课，还有可能发现他们身上拥有的、此前没有被注意到的才能。

没有才能的孩子如果不上大学，就无法在世界上竞争

近几年来，日本成为低工资国家。2000年，日本的人均收入还是世界第二，到了2020年已经下降到第二十二位。据说，今后还会继续下降。所以，做同样的工作，选择出国或者在外资企业工作，得到的收入会更高。但是，既没才能又没有接受过优质教育的孩子，在与接受过优质教育的同龄人竞争时很难取得胜利。

而且，要想在其他先进国家从事脑力劳动，必须有本科学历。没上过大学的人就算高喊“我是脑力劳动者”，如果没有丰富的工作经历和成果，也很难得到工作签证。很多先

进国家自己的国民中就有失业者，当然不想让外国人来做自己国家的人就能做的工作。

这样想来，要想让孩子将来的生活能稍稍轻松一些，学校教育很重要。只要好好上学，日本的本科学历比其他国家的更容易获得。

当然，也有没上过大学就取得成功的人。但是，这种人本来就聪明、有才能，就算不上学也能取得成功，而不是因为他们不上学，才变得优秀。

被亲切地称为“Horiemon①”的堀江贵文说：“不需要学校教育。”他的学历确实是高中毕业，同样取得了成功。但可以说，他是因为拥有能够考上东京大学的能力，才能说出“不需要学校教育”这种话的。

尽管如此，我还是认为说出“不上学也可以”这种话是不负责任的。或许，他们只是盲目地相信自己的孩子有才能……

① Horiemon：堀江贵文因为长得跟哆啦A梦（Doraemon）相似，所以有了这个昵称。

平等教育只是
教师这些教育工作者想要轻松些而已

当社会上发生与“家里蹲”相关的案件后，大家开始激烈讨论该如何解决家里蹲的问题。可是，我认为不应该将家里蹲的孩子当作问题来解决，而是应该把这种性格当成一项才能。

人的兴趣大致可以分为室内派和室外派两种。室内派中也会有人渴望交流，这种人就不适合家里蹲。据说女性的倾诉欲比男性更强，但2018年内阁的实际情况调查显示，有超过70%的家里蹲都是男性。

有数据显示，家里蹲的人在家看书的比例超过其他人，而且他们看电视的时间更少。很多“家里蹲”比起看电视更喜欢读书。

我认为这种特点也是一项才能。

社会上的工作分为体力劳动和脑力劳动。众所周知，脑力劳动的工资和社会地位更高。爱读书的人自然更适合脑力劳动，经常能看到学生时代被看不起的“御宅族”，长大后成为 IT 领域的高薪程序员。

可是，现在的学校教育倾向于对体育能力或者沟通能力强的人给予更高的评价。内向的室内派不符合这种评价标准，容易受到霸凌、排挤，结果导致他们不再去上学，被社会抛弃。这对社会来说是一种损失。

在中小学阶段留级的好处

另外，也有孩子因为学习不好而不上学。日本的中小学几乎没有留级的概念。

比如就算班上有孩子不会做乘法，老师依然会按照教学计划上课。这些孩子当然学不会除法和分数，结果孩子就会认为自己不擅长学习。

小学“算术”一开始会以现实中能看到的物品为例，计算苹果、橘子的数量，比较容易理解。可是，之后出现了小数点和分数等抽象概念，就会有孩子陷入混乱。

对抽象概念的理解程度与聪不聪明无关，会因为大脑的发育速度而出现差异。有的孩子并不能在教学计划规定的时间段理解这些概念。

因此，为了配合大脑的发育速度，可以让孩子留级。留级的孩子增加后，班级的学习力就会变得平均。虽然年龄会有差距，但是我认为如果能消除“平等教育”的概念，那么“因为对方与周围的孩子不同就要霸凌他”的想法也会减少。

我的初中母校里有在国外长大的学生。因为不熟悉日语，尽管他已经 18 岁了，依然在上初三。不过他并没有遭到排挤。

教师追求效率，于是出现了“平等教育”

推特上有一幅名叫《日本学校教育》的照片曾经引发热议，上面是整形成同一张脸的孩子们。日本学校教育为什么会追求同质性呢?

我感觉教师的影响很大。

除去一部分例外情况，教师中有很多人被打上了“不被企业需要”的烙印。大学生很少有人将教师作为第一志愿，大多数人求职时的第一志愿都是普通企业。特别是泡沫经济时期，普通企业的待遇更好，这种倾向也更加强烈。

没能进入普通企业，获得了教师资格证的人会选择成为教师。所以，在日本的学校中，有不少教师工作只是为了糊口。

因为教师只是一份工作，当然要追求效率。那么，该如何高效管理孩子们呢？他们认为培养出学习同样的内容、取得同样的结果的孩子更轻松。结果导致学校教育追求同质性。

比如“UD 字体”。“UD 字体”是一种方便的字体，是为了让不擅长识字，看到文字就会头疼的孩子也能轻松识别而创造的。某位家长为了孩子的学习，提出希望学校体谅学生使用UD字体的请求，却遭到了拒绝。

既然学校希望孩子拥有相同的学习力，就应该使用UD字体。学校或许有各种各样的借口，比如“不能因为个别学生改变规则”，可我认为学校之所以拒绝家长的请求，是因为缺乏干劲，缺乏关怀学生的时间。

让孩子在集体中养成按照规定生活的习惯，我认为这是日本学校的好处之一。可是，我个人认为这并不是最重要的事情。然而，教师们却并不理解我的想法。

虽说如此，自己的孩子被老师讨厌只会带来麻烦。所以，或许应该告诉孩子事实，教育他们“‘扮演好孩子’也是在积累经验”。

“落后很可怜”的思想 会将孩子变成最不幸的人

就像小学时个子矮的孩子上了初中可能会蹿一大截，大脑的发育速度也存在个体差异。

正如前文所述，学校会按照教学计划上课，不管学生的大脑是否发育到了能够理解抽象概念的阶段，而只在意成绩。

小时候的“聪明”只是大脑发育早而已。有的孩子明明不是真的聪明，小时候却被称为“神童”，可“小时了了，大未必佳”这种情况并不少见。

相反，也有像爱因斯坦那样小时候反应迟钝，到5岁的时候还不会说话，让人担心，长大后却能获得诺贝尔奖的人。

这样一想，根据出生的年份升班的日本学校教育就值得讨论了。

按照这种方式进行教育，可能会出现原本聪明的孩子仅仅因为大脑发育有些慢，就觉得自己不擅长学习，结果一辈子为此烦恼。如果出现这样的情况，那么根据孩子的熟练程度让孩子留级，反而对孩子的人生有好处。可是在日本，“落后很可怜”的思想根深蒂固，所以不会让孩子留级。

相反，大脑发育快，小学低年级就能理解方程组的孩子，在日本会因为还没有学方程组，只能用鸡兔同笼的算法。这种浪费天分的行为同样会成为孩子讨厌学校的原因，我认为这种情况最好让孩子跳级。

世界上有天生具备高智商的“天才”。这群人在接受 NHK 的采访时，曾经说过“不适应学校”。他们似乎对学校教育抱有不满，认为擅长跑步的人不会被要求不能跑快，为什么学习就必须和大家一样呢?

据说，美国人口中大约有 2% 的天才。他们尽管在特定领域才能出众，却会有情绪不稳定、焦躁不安的问题，所以这些孩子会去特殊学校上学。据说，马克 · 扎克伯格和比尔 · 盖茨都是这样的天才。

我认为按照年龄分班级，按照学习能力上不同学科的课程，这种结合学生能力的教育能够减少“落后生”，发挥“天才”的才能。

学校教育无法培养
应对“没有答案的问题”的能力

世界上的问题大致可以分为两种，一种是“有答案的问题”，一种是“没有答案的问题”。

学校和补习班里教的内容基本上都是有答案的问题。只要记住公式就能推导出答案，记住历史年号和植物名称就能回答问题，轻松应对大学毕业前的考试和测验。

可是进入社会后，就要面对大量没有答案的问题。

比如要把商品卖给客户时，并不是只要说固定的话、做固定的事就会有人买。谈恋爱和结婚同样如此，并不是只要做出正确的言行就能让喜欢的人和自己交往。市面上有很多传授商务策略、恋爱攻略的书籍和杂志，可里面的内容只是知识，不是“正确答案”。

要想在充满没有正确答案的社会中生存下去，必须亲自探索并解决问题。此时，重要的是有不断尝试并接近看似正确的答案的能力。

没有人知道答案。正因为如此，可以通过参考网络和书籍上的文献、查一手资料来找到看起来正确的答案。

我认为养成客观地向他人解释接近正确答案的理由的习惯比较好。这与研究人员的做法相同，是在社会上顺利生活所必不可少的技能。

也可以使用“询问他人”的方法，但我不太推荐。如果运气好，周围有能够回答上来的人还好，若周围人不能够给出有智慧的回答，不仅会浪费时间而不能解决问题，甚至还有可能得出错误的答案。

就算自身能力强，如果根据错误的观点采取行动，也无法明智地行事。所以，进入社会后，需要有“用询问他人之外的方式找到答案的能力”。

本来学校教育应该教会学生“如何解决没有答案的问题”。

可是，在日本，老师并不了解学校之外的世界，缺乏社会经验，当然没办法教育学生。

正是因为如此，我认为最好不要全盘接收学校老师的话。

日本教育落后于时代，有太多无用的课程

新冠病毒传播开来之后，先进国家开始投资设备、训练教师，以应对线上教育。教育是孩子走进社会前的准备，因此需要采取符合当前时代的教育方针。

昭和时代，“认识汉字，能够写出一手好字”很重要。但如今由于输入法能自动显示同样读音的汉字，只要打字打得快，会不会手写汉字对于社会人来说已不用担心。

也就是说，在令和时代学习汉字的笔顺基本毫无用处。可现在学校依然在教汉字的笔顺。孩子们被迫学习进入社会后派不上用场的知识，真的很可怜。

日本也有过大幅更改一成不变的教育方针的时期，那就是被称为“宽松教育”的时期。

宽松教育将日本原来重视知识量的填鸭式教育方针，改变为重视经验型的教育方针，将学习重点放在锻炼进入社会后能派上用场的思考能力。

然而结果是，在探讨国际整体经济的“经济合作与发展组织”对全球 79 个国家和地区的 15 岁少年进行的国际学生评估项目（PISA）中，日本学生的学习力在世界上的排名下降了。因此，从 2011 年开始，日本废除宽松教育，回归增加授课内容的教育方针。

如果只看结果，可以看出宽松教育是失败的。我自己也认为“日本式的”宽松教育是失败的，然而我认为宽松教育本身并没有错。

要做进入社会后能派上用场的宽松教育

最常被提到的宽松教育的成功范例是芬兰。芬兰 20—24 岁的本科毕业生平均月收入能达到 2520 欧元，按照 1 欧元等于130日元换算，相当于33万日元。而日本22岁左右的本科毕业生第一份工作的平均月工资只有21万日元。两个国家的青年刚刚结束教育走上社会，就出现了大约10万日元的月薪差距。

可是，在2018年的国际学生评估项目调查中，芬兰学生的阅读理解能力排名第七，数学素养排名第十六，科学素养排名第六，几乎与日本处于同一水平（日本学生的阅读理解能力排名第十五，数学素养排名第六，科学素养排名第五）。对比结果可以发现，宽松教育本身并不差，而是日本式的宽松教育不对。更准确地说，或许是日本的老师不好。

另外，芬兰的上课天数在全世界也属于最少的一档，每年上课的天数大约在190天。日本的孩子和芬兰的孩子相比，每年要多上大约40天学。可进入社会后，同年龄段的日本人的月薪却比芬兰人低10万日元左右。而且芬兰的大学是免费的，在日本要想上大学，却要花费数百万日元的学费。

芬兰四年制大学的入学率在30%左右。很多人在高中毕业后，会进入职业训练学校，相当于日本的专科学校学习。那里会根据职业性质教授学生实践性的课程。

比如零售店门口的促销招牌该如何写，服装店的衣服要如何叠整齐，职业训练学校的课程会请在该领域有 3 年以上工作经历的人来做老师，而且老师每隔 5 年要回到职场，重新积累实践经验。这样一来，他们确实能教给学生进入社会后能派上用场的知识。

另一方面，日本却会由没有其他社会工作经验，或者已经离开社会超过十年的人作为教师来教导学生。而且，进入社会后能派得上用场的知识在学习指导中并没有受到重视，因此工作繁忙的教师并不会积极教导学生这些内容。派不上用场的必修课必然会浪费学生宝贵的时间。

现在的价值观与昭和时代明显不同，要熟练操纵电脑，会使用外语。教育内容在逐渐改变，变成走上社会时能派上用场的内容。如果不能减少派不上用场的课程，宽松教育就无法取得成功。

我认为如果不废除宽松教育，而是教授学生好的思考习惯以及进入社会后能派得上用场的课程，让教育回归初心，那么日本的宽松教育也能取得成功。

为什么应该普及一些各国文化知识

在前文中，我写到了应该增加理财方法的相关知识，同样我也建议普及一些各国文化知识。

世界各国有五彩斑斓的文化，学习不同国家的文化，可以让我们更好地理解他人的行为和禁忌，同时也能帮助我们了解世界各国人民的思维方式，让我们在跨文化交流中可以更好地行事。比如在泰国，不能摸孩子的头。

昭和时代之前，人们会觉得“只要不离开日本就没问题”，然而今后的孩子将生活在全球化的社会中，必须将国内的产品销售到国外，才能维持发达国家的生活水平，而且就算身在日本，与外国人接触的机会也会不断增加。

所以我认为应该给今后将要生活在全球化时代的孩子们尽早接触各国文化的机会。

后记

我是“2channel ”和“Niconico 动画 ”的管理人，经常接到的工作有为面向儿童和教育机构的册子撰写“如何看待互联网”的稿子，以及这方面的演讲或线上活动等。

只要时间允许，我都会无偿（或者以募捐、支付交通费等方式）接受。有一次，编辑问我：“你能不能以‘如果我是父母’为主题写一本书？”这就是本书出版的契机。

可是育儿的正确答案会随着时代的发展而改变。每个孩子的个性不同，因此有的教育有意义，有的教育没有意义。

如果让孩子重复无意义的学习，有的孩子会培养出持久力和耐力，也有的孩子会变得格外讨厌学习。

因此，我认为本书的内容并不是正确答案。大家可以带着怀疑的态度，只要能从中找到对育儿、教育提供参考的地方，我就会很开心。

我在写书时，希望能写出不像读写、计算那样能够用数值判断的“非认知能力”的方法，以及能让父母和孩子都不积攒压力、快乐生活的思考方式。

假设有一个装了半杯水的杯子。有人认为“杯子里有半杯水”，有人认为“杯子里只剩半杯水了”，有人认为“杯子里还剩半杯水呢”。

改变对事物的看法，就能够积极看待坏事，顺利克服困难。只需要稍稍改变思考问题的方式，就能在漫长的人生中减轻压力。育儿同样如此。

而且，我在书里也写到，为了孩子们的未来，必须让更多的孩子接触电脑，否则就跟不上席卷全世界的 IT 潮流。

文部科学省似乎也有同样的想法，因此提出了“GIGA School 构想”。“令和时代的学校要达到人手一台电脑的标准”，令人期待。

可是很遗憾，这个构想开始落实后，却并没有达到人手一台电脑的结果。有的地区只给学生配了没有意义的平板。

平板和智能手机功能受限。如果配备了能打游戏能编程的电脑，就能有更多孩子从小感受到 IT 是熟悉的事物，从而熟练使用这项工具。

出于这种想法，包括我在内的 10 名有志人士每人拿出 500 万日元，在 2021 年筹集了 5000 万日元，为儿童福利院配备了 323 台电脑（截至 2021 年 8 月末）。日本国内有大约600所儿童福利院，我们没能为所有福利院配备电脑。因此，本书的版税同样会捐给儿童福利院，用于配备电脑。

如果能坚持下去，在不远的将来，或许只靠民间人士就能实现学校里人手一台电脑的目标。如果能为孩子们的未来稍稍做出些贡献，我将备感荣幸。

2021 年 8 月末 博之